DIE DREI SCHÖNEN

FOTOS VON WOLFGANG THIEME

DIE DREI SCHÖNEN

SCHLOSS AUGUSTUSBURG SCHLOSS LICHTENWALDE BURG SCHARFENSTEIN

Mit Texten von Gabi Thieme, Reinhold Lindner und Matthias Zwarg

Impressum

Die drei Schönen

Herausgegeben von Matthias Zwarg
Mit Texten von Gabi Thieme, Reinhold Lindner und Matthias Zwarg
Englische Bildtexte von Robert Zwarg
Mitarbeit: Daniela Heiber, Karina Franzke, Stefanie Urlaß

Fotos von Wolfgang Thieme

1. Auflage, 2011

Layout: Ingolf Höhl
Gesamtherstellung: Westermann Druck Zwickau GmbH

www.chemnitzer-verlag.de

ISBN 978-3-937025-70-4

Vorwort

Sachsen ist ein Land der Burgen und Schlösser. Drei besonders schöne Bauensembles bilden auch einen ganz besonderen Dreiklang: die imposanten Schlösser Augustusburg und Lichtenwalde und die kleine, feine Burg Scharfenstein. .
Die Augustusburg, 516 Meter hoch gelegen mitten in urwüchsig-romantischer Erzgebirgslandschaft, wird auch die „Krone des Erzgebirges" genannt, ist sie doch weithin zu sehen – ganz gleich, aus welcher Richtung man sich ihr nähert. Der imponierende Bau von Hieronymus Lotter bietet einer Reihe ganz verschiedener Museen mehr als ein Dach über dem Kopf. Von der Naturkunde über den Motorradbau, von der Jagd bis zur Kutschensammlung, von der Turmgalerie mit moderner Kunst bis zum Falkenhof – in der Augustusburg treffen sich Geschichte und Gegenwart Sachsens auf einzigartige Weise.

Ist die Augustusburg die „Krone des Erzgebirges", so dürfen Schloss Lichtenwalde und Burg Scharfenstein als Kronprinzessin und Kronprinz gelten.
Vor zwanzig Jahren war das barocke Schloss Lichtenwalde vom Verfall bedroht. Sorgsam restauriert sind Schloss und Park nun wieder zu einem verführerisch-schönen Kleinod geworden, in dem sich Kraft für den Alltag schöpfen lässt. Harmonisch klingen Architektur, Garten und die vielfältigen Museen zusammen, die den Bogen von fernöstlicher und afrikanischer Kultur bis zur modernen Formgestaltung spannen.

Burg Scharfenstein ist längst kein Geheimtipp mehr. Die aus dem Mittelalter stammende Wehranlage, mehrfach umgebaut und unter anderem mit einem schönen Renaissancetor versehen, ist einer der Orte, die an die Geschichte des erzgebirgischen Volkshelden Karl Stülpner erinnern, und sie beherbergt eine der schönsten, umfangreichsten privaten Sammlungen erzgebirgischer Volkskunst. Außerdem bezaubert sie mit rustikalem Charme und vielen Angeboten zum Mitmachen für Groß und Klein. Lassen Sie sich also verführen zu einem Rundgang durch die „drei Schönen" – deren bezaubernden Reiz der Fotograf Wolfgang Thieme in sehenswerten Bildern eingefangen hat.

Matthias Zwarg
Oktober 2011

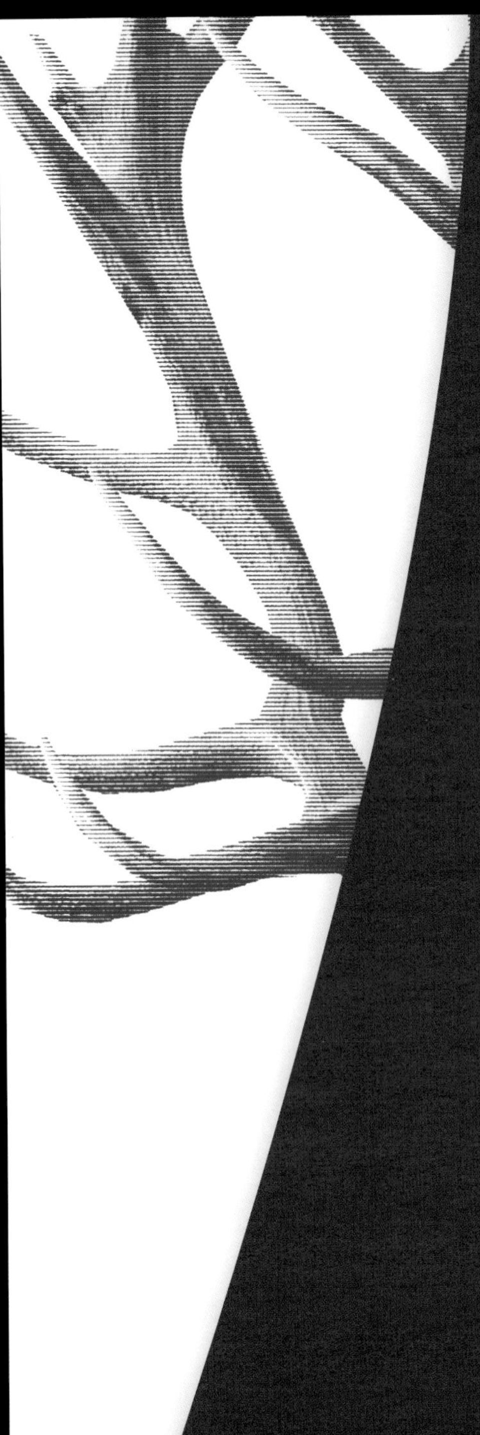

SCHLOSS AUGUSTUSBURG

Hier gefällt uns die Welt

Da ließe sich das Lied des Türmers gut singen, hier ist der passende Platz:

Zum Sehen geboren, zum Schauen bestellt,
dem Turme geschworen, gefällt mir die Welt...

Denn der Lindenturm der Augustusburg, einer von vier gleichen, ist dem Schauen bestimmt, weit hinaus ins sächsische Land und hinauf zum Erzgebirgskamm reicht der Blick. Und zum Sehen lädt immer auch die Kunst, die hier in der Turmgalerie ausgestellt ist. So gefällt uns die Welt, nach außen schönste Landschaft, nach innen das Bild von uns und unseren Dingen.

Und wenn wir im Land unterwegs sind, sehen wir wiederum die Burg, aus den Weiten der Niederungen und von den Höhen der Berge. Die Augustusburg ist auf einem exponierten Platz errichtet, gleichsam ein Balkon des Landes, der die Krone trägt. Wer die Schlossanlage aus der Flugperspektive sieht, kann sie als Form einer Krone wahrnehmen, die Dächer der vier Türme sind wie Zacken des edlen Zeichens der Herrscherwürde. Diesen Eindruck haben früher, vor dem Umbau, die vielen wohlgeformten Schornsteine noch verstärkt, alte Zeichnungen legen den Eindruck einer Krone auch aus der Normalperspektive nahe.

Der reichlich 500 Meter hohe Schellenberg ragt aus der Landschaft heraus, der sächsische Kurfürst August konnte für sein Lustschloss kaum einen günstigeren Platz finden. Die Lustbarkeit der Jagd, üppiger Feste und der repräsentativen Überschaubarkeit weiter Teile seines Fürstentums sind das Eine, die Baulust des vielseitig gebildeten und interessierten Renaissancemenschen sind das andere. Es wäre einseitig, im Zweck der Nutzung als Jagd- und Lustschloss den Charakter der Burg zu sehen. Ausdrücklich als Zeichen des „gemachten frides" wollte August die Burg errichten. Der Frieden, den er meinte, war die endgültige Niederwerfung seines ernestinischen Cousins Friedrich in den sogenannten Grumbacher Händeln zu Gotha. Dieser Frieden besiegelte die Vorherrschaft des Albertiners August in Zentraleuropa. Die Krone wollte er sich hier oben auf dem Schellenberg für ewiges Gedächtnis und weithin wahrnehmbar setzen lassen. Dass sein selbst erwähltes Denkmal von monumentaler architektonischer Gestalt sein sollte, war beinahe zwangsläufig – es war die große Zeit der Renaissance.

Am Bau der Augustusburg selbst hat der Kurfürst höchst intensiv Anteil genommen, alle Entscheidungen selbst getroffen, das Bautempo vorangepeitscht, die Nutzung des Schlosses detailliert vorgegeben. Die vierjährige Rekord-Bauzeit für die Burg klingt selbst nach heutigen Gepflogenheiten sensationell. Aber diese Jagd nach Bautempo reichte ihm nicht, der Bauherr war ständig unzufrieden, die Geduldlosigkeit führte schließlich zum völligen Zerwürfnis mit seinem getreuen Baumeister Hieronymus Lotter, den er davon jagte und um sein Vermögen brachte. Hatte August allein mit der Baulust schon das, was er wollte? Zumindest versiegte sein Interesse an der Augustusburg schnell, als sie fertig war. Die Lust des Jagens und Feierns suchte sich bald ihren Palast in Moritzburg und selbst die Hubertusburg favorisierte sich gegenüber der Augustusburg. Augusts Nachfolger haben sich selten oder gar nicht auf Augustusburg sehen lassen. Wenn schon, dann nicht zuletzt, um die Ausstattung nach Moritzburg zu befehlen wie die ansehnliche Jagdtrophäensammlung, die seit der Zeit Augusts des Starken die Moritzburg ziert.

Als Werner Sieber, der langjährige Direktor des Schlosses, seinen Dienst antrat, konstatierte er: „Das Schloss Augustusburg war ein Denkmal seiner selbst". Oder: „Es war eine ‚hohle Gans'". Die wechselhafte Nutzung durch die Jahrhunderte hatte nichts mehr mit der einzigartigen Architektur zu tun gehabt. Erst nach 1920 wurde ein kleines erzgebirgisches Heimatmuseum im Schloss eingerichtet. Was an Schätzen noch blieb, war verdeckt wie die ursprüngliche Wand- und Deckenmalereien des Dresdner Hofmalers Heinrich Göding, die bei der Restaurierung unter teils 15fachen Farbschichten zum Vorschein kamen. Einmalig, lustig und nicht ohne Hintergründigkeit sind Gödings Malereien im Hasenhaus – Szenen, in denen die Hasen die Rolle der Menschen spielen. In der Schlosskapelle waren bedeutsame Kleinode bewahrt: das „Familienbild" – August mit seiner Frau Anna, einer dänischen Königstochter – und ihren 15 Kindern. Aus der Werkstatt Lucas Cranachs des Jüngeren stammt dieses Altarbild und im Hintergrund ist eine erzgebirgische Landschaft zu sehen mit einer Burg, die vermutlich den Vorgängerbau der Augustusburg auf dem Schellenberg zeigt. Diese Burg war Opfer mehrerer Brände gewesen, Reste der Ruine ließ August niederreißen, um Platz zu schaffen für das Lustschloss. Und hoch über dem Altar thront die wertvolle barocke Orgel aus der Werkstatt des Augustusburger Meisters Georg Renkewitz, sie ersetzte die alte Orgel etwa 200 Jahre nach dem Schlossbau. Gelegentlich ist sie bei Konzerten oder auch Feierlichkeiten in der Schlosskapelle zu hören.
Das Wort vom Denkmal seiner selbst ist eine treffende Charakterisierung der Augustusburg. Sie ist unabhängig von ihrer heutigen Nutzung ein überragendes Bauwerk der Renaissance nördlich der Alpen, in der architektonischen Konzeption noch ganz der Harmonie der Klarheit verpflichtet: geometrisch geradlinige Regelmäßigkeit des Gevierts, gefasst von den gleichgeformten Eckhäusern, die den Grundriss des inneren Hofes als Form des griechischen Kreuzes markieren. Sie haben ihre Namen bekommen – Sommerhaus, Lindenhaus, Hasenhaus, Küchenhaus. Zweck und auch Lage stecken dahinter. Das Ganze stimmt überein mit dem Einzelnen. Der innere Zusammenhang der Räumlichkeiten funktionierte perfekt und fast unmerklich war doch eine Vereinzelung der Wohnungen für die Familien des Fürsten und einer Gäste gewährleistet. Die Schönheit des Bauwerks ist historisch gewachsen, aber sie ist attraktiv über alle Zeiten. Insofern ein Denkmal an sich.
Was diese Schlossanlage für Besucher so eindrucksvoll macht, ist die Gesamtansicht, von welcher Seite auch der Weg zur Burg führt. Eine genussvolle Wanderung hinauf auf den Berg rückt den Anblick allmählich immer näher heran, beide Portale stehen dem Eingang in den Schlosshof offen, beide sind mit repräsentativem Schmuck geziert, und der Torschmuck ist fast der einzige am gesamten Bauwerk, aber er hat es in sich: Triumph der antiken Säulen, Prunk der Wappen und allegorischen Plastik, die den Herrschaftsanspruch nahelegt. Die Portale sind im Laufe der Zeit verändert worden, ihre Gestalt verbindet die Renaisance mit dem Barock, aber was für den Schlossbesucher jenen Eindruck vermittelt, der der wichtigste ist: Sie laden von beiden Seiten freundlich zum Eintreten.

Augustusburg ist heute eins der meistbesuchten Schlösser. Die vollständige Restaurierung und eine Neuordnung der Museen hat nunmehr auch das Architekturdenkmal mit Erlebnisbereichen gefüllt, die den Besuch kultivieren: Werner Sieber verfolgte in allen seinen Jahren als Direktor das Konzept, einen kulturellen Mittelpunkt für die Menschen zu gestalten. So beherbergt das Schloss neben der einzigartigen Motorradsammlung, dem Kutschenmuseum und dem Museum für Jagdtier- und Vogelkunde des Erzgebirges eine Sammlung von Zeugnissen

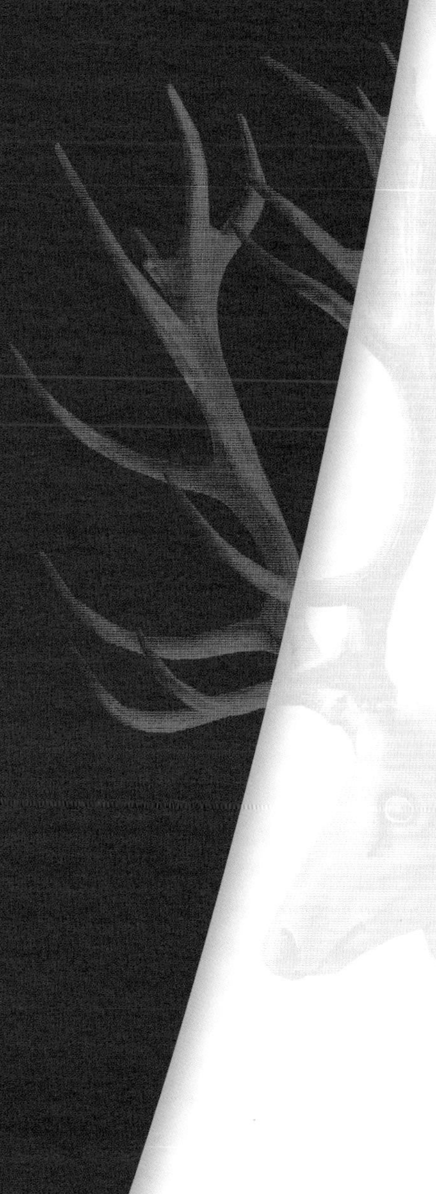

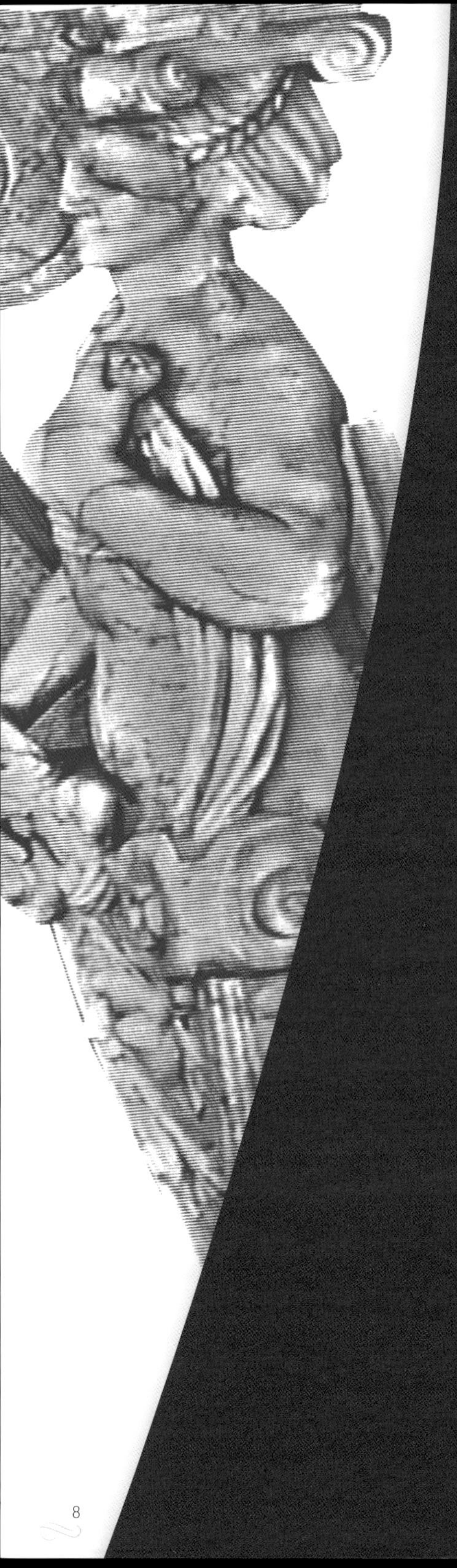

der Gerichtsbarkeit in alten Zeiten und eine Dokumentarschau zur Baugeschichte des Schlosses. Die Nähe zur Landschaft des Erzgebirges und seiner Erschließung als Natur- und Wirtschaftsraum ist signifikant mit dem Motorradmuseum, seine Attraktivität hat vieles auch nach sich gezogen, die Zusammenkünfte der Motorradfahrer mit dem Höhepunkt des alljährlichen Wintertreffens im Januar, zu dem Biker aus allen Teilen Europas gefahren kommen. Oder auch die Oldtimertreffen, die zunehmend zu großen Paraden der Autogeschichte werden. So haben alle Museen der Augustusburg ihre lebendige Beziehung von Ausstellung und kulturellem Betrieb. Bis zur Falknerei, die Traditionen früherer Jagd vorführt, in unmittelbarer Begegnung der Besucher mit den Tieren. Und ausdrücklich drängte auch das Nutzungskonzept zu guten gastronomischen Angeboten – Schlossgaststätte und Augustuskeller. Für Gastlichkeit sorgt auch die Jugendherberge im ehemaligen Wirtschaftshof der Burg: Leben im Schloss, Leben mit dem Schloss.

Die Augustusburg ist für uns heute mehr ein Lustschloss als sie es je zuvor gewesen ist und erst damit auch im eigentlichen Sinn ein Denkmal, ein nutzbares, ein brauchbares. Die Konzerte im Hasensaal oder in der Schlosskapelle, nicht zuletzt die großen Veranstaltungen im Schlosshof, der bei Gelegenheiten wie dem MDR-Musiksommer seine großartige Akustik offenbart, locken Besucher auch von weither auf die Burg. Nicht zuletzt sind es die wechselnden Kunstausstellungen, die das vielfältige Kulturleben im Schloss akzentuieren.
Das Schlosstheater ist seit ein paar Jahren dazu gekommen. Das professionelle Schauspielerpaar Anna Silke Röder und Andreas Unglaub gibt an unterschiedlichen Orten der Burg seine Vorstellungen der kleineren Theaterform, des Kammerspiels, vorwiegend heiter, manchmal bedenklich. Auf dem Haferboden des einstigen Stallgebäudes, im ehemaligen Weinkeller wird gespielt, auch im Dachgeschoss des Küchenhauses unter der mächtigen, staunenswerten Balkenkonstruktion und neben der imposanten Anlage der historischen Schlepp-Esse. Hier oben sind Märchenspiele für Groß und Klein im Gange. Das Schlosstheater Augustusburg spielt gelegentlich auch in den Schlossgärten Lichtenwalde und Scharfenstein.

Das Schloss hat nun zu sich selbst gefunden, zu einer vitalen Kultur-und Bildungsstätte des Volkes. Es ist kaum vorstellbar, wie es entstanden ist, unter unsäglichen Mühen und Opfern der wirklichen Erbauer, der Vorfahren, die Steine hoch hinauf schleppen mussten, Holz aus weit entfernten Wäldern herfuhren, dabei Hab und Gut einbüßten wie selbst der Baumeister der Augustusburg und Bürgermeister der Stadt Leipzig Hieronymus Lotter, der sein Vermögen beisteuerte und nie wiedersah. Solche Opfer und Mühen bringen manchmal etwas zurück, und wenn es das heutige Vergnügen am und im Schloss ist.

Wer auf den Lindenturm steigen kann, genießt fast ebenso wie die früheren Gäste des Schlosses die Augenlust des weiten Blicks. Der Attraktivität der Weitsicht hier oben war das ursprüngliche Bauwerk sogar noch umfassender entgegen gekommen. Umfassend im wahrsten Sinn: in Höhe des Dachgeschosses waren ringsum Balustraden angebracht, Balkone auf dem Balkon Sachsens. In alle Richtungen konnte der Kurfürst seinen Blick schweifen lassen. Der Umlauf wurde um 1800 abgebaut, die Bauschäden waren zu groß geworden.
Aber unser „Türmerblick" reicht auch so, es gibt tatsächlich Zeiten, da man von hier das Völkerschlachtdenkmal sehen kann. Aber auch der Umlauf ist in gewissem Maß ersetzt. Wie auf einer Terasse lässt sich die Augustusburg umrunden, überall die Blicke. Dorthin, wo unsere Wege enden, wenn wir die Burg wieder verlassen. Aber auch nur, um wiederzukommen.

Reinhold Lindner

Auf geht's zur Augustusburg: Die Drahtseilbahn von Erdmannsdorf aus schafft die 168 Meter Höhenunterschied auf einer Streckenlänge von 1240 Metern in acht Minuten.

Let's go to Augustusburg Castle: The cablecar from Erdmannsdorf climbs an altitude of 168 meters high and a distance of 1240 meters longin eight minutes.

Augustusburg – hoch über der Stadt thront das Schloss. Sein Grundstein wurde 1568 gelegt. Oberbaumeister war Hieronymus Lotter.

Augustusburg – the castle overlooking the city. The foundation of the castle was laid in 1568 by the master builder Hieronymus Lotter.

Blick von der Höhe zwischen Oederan und Gahlenz auf die winterliche Augustusburg.

View from the hills between Oederan and Gahlenz towards the wintery Augustusburg Castle.

Schon von weitem zieht das einstige Jagdschloss des Kurfürsten August die Blicke an: Herbstliche Landschaft bei Oederan mit der Augustusburg.

Even from afar the former hunting castle of Elector August attracts the eye: Autumnal landscape near Oederan with Augustusburg Castle.

Die beliebten erzgebirgischen Volksmusiker „De Randfichten" im Oederaner „Klein Erzgebirge" am Modell von Schloss Augustusburg.

The popular local folk musicians „Die Randfichten" in the „Klein Erzgebirge" in Oederan by a model of Augustusburg Castle.

Die Augustusburg aus der Vogelperspektive lässt ihre verschiedenen Gebäude gut erkennen, in denen sich ganz unterschiedliche Museen befinden.

A birds-eye view of Augustburg Castle allows you to see the different buildings that host very distinct museums.

Das Wappen der Wettiner im Schlosshof von Augustusburg wurde, wie die gesamte Anlage, restauriert.

The Wettiner's crest in the castle's courtyard was restored just like the whole facility.

Die Augustusburg gehört zu den am meisten besuchten Schlössern in Sachsen. Das Jagdfest mit den Schauspielern Matthias Brade als Kurfürst August von Sachsen und Birgit Lehmann als Kurfürstin Anna gehört zu den beliebten Veranstaltungen des Mittelsächsischen Kultursommers.

Augustburg Castle is among the most visited monuments in Saxony. The Hunting Festival is one of the popular events during the Cultural Summer Program. Here we see actor Matthias Brade as Elector August of Saxony and Birgit Lehmann as Electress Anna.

EIS

Beim Jagdfest führt Falkner Michael Löbel dem Kurfürsten August und dessen Gemahlin Anna seine Kunst vor.

During the Hunting Festival, the falconer Michael Löbel presents his art to Elector August and his wife Anna.

Die Ersten Sächsischen Fahnenschwinger „Die Schönberger" gehören wie Schauspieler, Musikanten, Händler, Gaukler und Narren zum Jagdfest auf Schloss Augustusburg.

The first saxonian flag-wavers, „Die Schönberger", together with actors, musicians, traders, jugglers, and jesters are all part of the Hunting Festival at Augustusburg Castle.

Die Freiluftgaststätte im Schlosshof und der Augustuskeller mit seinem rustikalen Ambiente laden zu einer kulinarischen Pause beim Schlossbesuch ein.

The open-air restaurant in the courtyard and the Augustuskeller with its rustic atmosphere are inviting for a culinary break during a visit of the castle.

Schüler aus Glauchau besuchen bei ihrer Klassenausfahrt in Augustusburg das Kutschenmuseum und betrachten hier eine Staatsberline des sächsischen Hofes aus dem Jahre 1790, die bei der Kaiserkrönung Leopold II. in Frankfurt/Main als 1. Gesandtschaftswagen eingesetzt wurde. Insgesamt werden im Kutschenmuseum des Schlosses rund 20 Kutschen des sächsischen Hofes sowie Stadt- und Gesellschaftswagen gezeigt.

Pupils from Glauchau visit Augustusburg's Museum of Coaches during their field trip. Here, they see a Saxonian Staatsberline from the year 1790. During the crowning of the Emperor Leopold II in Frankfurt/Main it was used as the very first legation car. All in all, the museum shows about 20 coaches of the Saxon Court, as well as conventional and city cars.

Ein beliebtes Hochzeitsritual findet im Fasskeller der Augustusburg statt. Der Glücksschmied soll ein langes gemeinsames Leben garantieren.

A popular wedding ritual takes place in the Fasskeller of Augustusburg Castle. The „Glücksschmied" is supposed to guarantee a long life together.

Die Schlosskirche gilt als ein Höhepunkt der sächsischen Renaissance-architektur. Der Niederländer Erhard van der Meer hat sie entworfen.

The castle's church is considered the highlight of the Saxonian renaissance architecture. It was designed by the Dutch Erhard van der Meer.

In der Schlosskirche Augustusburg werden vom Landesamt für Denkmalpflege Dresden am Altarbild von Lucas Cranach dem Jüngeren Konservierungs- und Restaurierungsarbeiten ausgeführt. Das meterhohe Tafelbild, das aus 20 Holzbrettern besteht und sich seit fast 450 Jahren hier am Originalstandort befindet, zeigte Risse. Deshalb wurde die Rückseite des bedeutenden Kunstwerkes mit Balsaholz als eine Art „Klimapuffer" verstärkt, um das Eindringen von Feuchtigkeit zu verhindern und die Rissbildung aufzuhalten. Der fein geschnitzte Altaraufsatz ist eine Arbeit des Salzburger Holzbildhauers Wolfgang Schreckenfuchs.

The Saxonian Office for the Preservation of Historical Monuments conducts conservation and restoration works on the altarpiece by Lucas Cranach the Younger in the castle's church. The meter high panel painting which consists of 20 wooden panels, which has been at its original site for almost 450 years, shows some cracks. For that reason, the backside of the important artwork is reinforced with balsa wood as a kind of „climate buffer" to prevent moisture from entering and to prevent further cracking. The delicately carved altar piece is a work by the Salzburg woodcarver Wolfgang Schreckenfuchs

Aus der Luft ist die in sich großartige, repräsentative Anlage des Schlosses mit seinen beiden Höfen besonders schön zu sehen.

The great, representative premises of the Castle and its two courtyards are especially beautiful to see from above.

Links: Der Haferboden des Schlosses wird gern für besondere Veranstaltungen genutzt. Sehr beliebt ist der alljährliche Handwerkermarkt.

left: The former oat loft of the castle is often used for special events. The annual handicraft market is very popular.

Rechts: Auch Ausstellungen finden auf dem Haferboden statt – wie diese Schau mit „Kunst-Fliegern und anderen Insekten", die Arbeiten von Schülern und Lehrern der Volkskunstschule Oederan zeigte.

right: Exhibitions are also shown here, like this exhibition on "Stunt pilots and other Insects" which shows works of pupils and teachers from the folk art school in Oederan.

Unten: Zu einem spektakulären Tauchgang seilt sich Ingo Uhlemann vom Tauch-Center Frankenberg in den historischen Brunnen von Schloss Augustusburg 54 Meter bis zur Wasseroberfläche ab, um dann bei einer Wassertiefe von weiteren 80 Metern den Grund des Brunnenschachtes zu erreichen. Dabei verbinden die Tauchsportler die technische Herausforderung des besonderen Tauchganges mit der Hoffnung, auf dem Grund historische Gegenstände aus der Zeit des Brunnenbaues von 1568 bis 1575 zu finden.

below: Ingo Uhlemann from the Diving Center Frankenberg ropes down 54 meters to the water surface for a spectacular dive into the historical fountain of Augustusburg Castle. Then, after plunging a water depth of 80 meters he reaches the bottom of the fountain. The divers combine the technical challenge of this dive with the hope of finding historical artifacts from the time of the construction of the well in 1568 to 1575.

Vorherige Seite:
Uhu und Weißkopfseeadler gehören zu den zahlreichen Greifvögeln des Sächsischen Adler- und Jagdfalkenhofes auf dem Schlossgelände.

pages 30/31:
Eagle owls and bald eagles are among the many birds of prey at the falconry „Sächstischer Adler- und Jagdfalkenhof" on the castle's premise.

Michael Löbel, Chef des Sächsischen Adler- und Jagdfalkenhofes auf Schloss Augustusburg, zeigt bei seiner Schauvorführung mit freifliegenden Greifvögeln diesen prächtigen Weißkopfseeadler. Zu den Akteuren der sehenswerten Flugschau gehören Falken, Seeadler, Mönchsgeier, Gänsegeier und Milane, die hoch über den Türmen von Schloss Augustusburg kreisen, um danach wieder punktgenau auf der Faust des Falkners zu landen.

Michael Löbel, head of the falconry in Augustusburg, displays this magnificent bald eagle at his show with free flying birds of prey. The show also exhibits falcons, sea eagles, black vultures, griffon vultures and kites that circle around the towers of the castle and then return to land right down on the falconers arm.

Eva Löbel vom Sächsischen Adler- und Jagdfalkenhof zeigt Chemnitzer Ferienkindern einen Uhu. Besucher können hier täglich (außer montags) bei Flugvorführungen die Greifvögel in Aktion erleben.

Eva Löbel, member of the falconry, shows children from Chemnitz an eagle owl. Every day (except Monday) people can see the birds in action during shows of the falconry.

Blick in den Venussaal mit seiner illusionistischen „Venusberg"-Wandbemalung von Hofmaler Heinrich Göding (1531- 1606). Vorn ein Kredenztisch aus Serpentinstein von Giovanni Maria Nosseni, eine Leihgabe der Staatlichen Kunstsammlungen Dresden.

A look inside the Venus Hall with its illusionist „Venusberg" painting by court painter Heinrich Göding (1531-1606). In the front is a credenza made of serpentinite stone by Giovanni Maria Nosseni, on loan from the State Art Collection Dresden.

Deckengemälde aus dem 17. Jahrhundert im Venussaal mit der Darstellung der fünf Sinne.

Ceiling painting from the 17th century in the Venus Hall, with a depiction of the five senses.

Zahlreiche Jagdtrophäen schmücken den Venussaal.

Many hunting trophies decorate the Venus Hall.

Originale Tür-Ummalung von Heinrich Göding im Venussaal.
Original door decoration by Heinrich Göding in the Venus Hall.

In den Stuben um den Venussaal werden u.a. wertvolle Jagdwaffen gezeigt, darunter zwei Perkussionsbüchsen aus der ersten Hälfte des 19. Jahrhunderts (oben) sowie ein Steinschlosstromblon vom Ende des 18. Jahrhunderts.

In the salons around the Venus Hall, among other things, precious hunting weapons are displayed. Among them are two historical rifles from the first half of the 19th century (above) and a flintlock rifle from the end of the 18th century.

In der Dauerausstellung über jagdbare Vögel und Säugetiere und im Ausstellungsteil „Vogelwelt des Erzgebirges“ werden rund 120 Tierarten in Dioramen in ihrem natürlichen Lebensraum gezeigt. Der imposante Rothirsch ist eine Arbeit des zoologischen Präparators Jens Hans, der rechts ein winziges Entenkücken vorbereitet.

In the permanent exhibition on game birds and mammals and in the section "Birds of the Ore Mountains", around 120 species are shown in dioramas in their natural habitat. The impressive red deer is the work of the taxidermist Jens Hans, on the right, working on a small duckling.

Die Dioramen zeigen unter anderem einen Hermelin im Winterkleid, Eisvogel und Schleiereulen, Schwarzwild mit Frischlingen und eine Dachsfamilie.

The dioramas show, amongst other animals, a weasel in its winter coat, white admirals, barn owls, wild boars with their young and a family of badgers.

IV-6031

Das Motorradmuseum zeigt neben einer umfassenden Zweitakt-Motorrad-Sammlung auch „Exoten“ wie die Mogola-Tourer (Baujahr 1922; vorn) und die Mogola Sport (Baujahr 1924) dahinter mit ihren Fünfzylinder-Sternmotoren im Vorderrad.

The motorcycle museum exhibits besides a vast collection of motorbikes also „exotics“ like the Mogola Tourer (built in 1922, front) and Mogola Sport (built in 1924, back) with its five-cylinder radial engine in the front wheel.

Eine Startaufstellung von MZ-Rennmaschinen erinnert an große Zeiten des Motorradwerkes Zschopaus.

A starting grid of MZ racing machines is reminiscent of the great times of the Motorcycle Plant in Zschopau.

Eine Benelli 750 aus Italien, die mit ihren sechs Zylindern zu den Schmuckstücken des Motorradmuseums gehört.

A Benelli 750 from Italy with its six cylinders is among the jewels of the exhibition.

DUNLOP
BREMBO

Zur historischen Tankstelle aus dem Jahre 1932 gehört das DKW-Supergespann 600 mit zwei Zylindern.

The two-cylinder DKW-Supergespann 600 is shown as part of the historical gas station from the year 1932.

Detail des Motorblocks einer US-amerikanischen Indian aus dem Jahre 1926 mit Zweizylinder-Viertakt-V-Motor; Höchstgeschwindigkeit: 125 Stundenkilometer.

Detail of the engine block of an American Indian from the year 1926 with a two-cylinder, four-stroke V engine; top speed 125 kilometers per hour.

Tausende Motorradfreunde und Schaulustige aus ganz Deutschland versammeln sich alljährlich im Januar beim Wintertreffen auf der Augustusburg.

Every year in January, thousands of motorcycle friends and visitors from all over Germany come together for the Winter Meeting at Augustusburg Castle.

FILA

Beim Wintertreffen der Motorradfahrer auf Schloss Augustusburg nimmt Oliver Herrmann aus Rübenau ein Bad in der Menge. Er hat bei seinem AWO-Gespann den Seitenwagen mit einer Badewanne ausgerüstet.

At the Winter Meeting of the motorcyclists at Augustusburg Castle, Oliver Hermann from Rübenau takes a bath in the crowd. He combined the sidecar of his AWO machine with a bathtub

Die Palette der gezeigten Motoräder reicht in jedem Jahr von liebevoll restaurierten Oldtimern aus frühen DDR-Zeiten bis zu aktuellen Supermotorrädern.

The variety of motorcycles every year ranges from fancifully restored old-timers from the GDR to contemporary super motorcycles.

SCHLOSS LICHTENWALDE

Eine wahre Schatzkammer

Existieren in einer Familie drei Schwestern, dann genießt die jüngste fast immer besondere Aufmerksamkeit und Fürsorge. Bei Schloss Lichtenwalde war das lange Zeit nicht so. Es gehörte nie dem sächsischen Herrschergeschlecht der Wettiner. Und der Freistaat Sachsen hatte nach 1990 angesichts der vielen Burgen und Schlösser, die sich bereits in seinem Besitz befanden, kein Interesse an dem Objekt – zumal es sich in einem eher erbärmlichen Zustand befand. Nur die überstrichene Fassade und die Blumenpracht im angrenzenden Barockgarten konnten ein wenig darüber hinweg täuschen. Von 1991 bis 1996 hatte das Land Sachsen hier noch ein Bildungszentrum des Sozialministeriums unterhalten. Damit erfüllte das Haus zunächst weiter jenen Zweck, den ihm die DDR schon zugedacht hatte, als es 1972 aus der bis dahin staatlichen Kureinrichtung und Tbc-Heilstätte eine Bildungseinrichtung des Gesundheitswesens machte – einschließlich bescheidener Übernachtungsmöglichkeiten für die Lehrgangsteilnehmer. Investiert wurde in das dreiflügelige Gebäude kaum. Durch die riesigen undichten Dachflächen regnete es herein in das mächtige hölzerne Dachgebälk. Der Altan, ein einstmals prächtiger Treppenaufgang an der Außenseite, drohte einzustürzen. Überall bröckelten der Putz von Fassaden und Mauern, die Farbe von Fensterrahmen und Türen. Den Stammgästen von Schloss und Park vor allem aus der nahen Stadt Chemnitz entging der schleichende Verfall nicht. Viele bedrückte auch die Sorge, dass das Baudenkmal, wenn es erst einmal in die Hände eines privaten Investors käme, der Öffentlichkeit für immer verschlossen bleiben könnte. Trotzdem hielt der Freistaat lange an seinen Verkaufs- beziehungsweise Privatisierungsplänen fest. An Interessenten fehlte es nicht. Um die 30 Investoren wollten das Schloss haben. Die meisten davon Glücksritter, die wohl hofften, hier mit wenig Geld ein großes Schnäppchen zu machen. Sie hatten weder eine Nutzungskonzept, noch die nötigen Millionen, die die Sanierung des Schlosses verschlingen würde. Dadurch und auch durch den großen öffentlichen Druck sah der Freistaat schließlich keinen anderen Weg, als auch dieses Objekt noch in die sächsische Schlösserverwaltung zu übernehmen mit dem Ziel, es schnellstmöglich wieder für Besucher zu öffnen. Ein Nutzungskonzept gab es nicht. Wohl aber ein Sammelsurium von kleinen Läden, Ausstellungen und Museen privater Pächter, die hier einzogen, damit Leben in einige Räume brachten und 1999 eine Teileröffnung des Schlosses ermöglichten. Doch die erhofften Besucherzahlen beschränkten sich auf die ersten Monate. Die kleine Schwester Lichtenwalde fristete im Vergleich zu ihrer mondänen Schwester in Augustusburg und der inzwischen fein herausgeputzten Mittelalterburg Scharfenstein weiter ein Aschenputtel-Dasein.

Obwohl das Schloss mit seinem angrenzenden Park schon immer eines der bemerkenswertesten Barockensembles in Deutschland bildete, konnte in Wirklichkeit nur der Barockgarten die Besucher immer wieder aufs Neue und zu jeder Jahreszeit locken. Das Schloss erreichte diese Resonanz weiterhin nicht.

Das änderte sich ab 2006, als der Chemnitzer Kunstmäzen Georg Brühl, der inzwischen verstorben ist, nach einer würdigen Präsentationsstätte für seine umfangreichen Privatsammlungen von Kunstgegenständen aus aller Herren Länder suchte. Fast zeitgleich fragte die Westsächsische Hochschule Zwickau an, ob sie nicht im Schloss dauerhaft eine Galerie für ihren Fachbereich Angewandte Kunst einrichten könnte.
Es wurde ein Konzept erstellt und diesem alle Folgearbeiten untergeordnet. 18 Ingenieurbüros und Gutachter sowie 68 Firmen beteiligten sich ab 2008 am Umbau und der Neugestaltung des Schlosses unter strengen denkmalpflegerischen Aspekten. Als es im März 2010 komplett saniert eröffnet wurde, standen mehr als 15 Millionen Euro als Investitionssumme seit 1998 zu Buche. Drei private Schenkungen hatten es ermöglicht, 220 Vitrinen in insgesamt 35 Räumen über drei Etagen mit kostbaren Objekten und Gegenständen auszustatten. Sie erlauben eine Zeit- und Weltenreise gleichermaßen, eine Begegnung mit fremden Kulturen und vergangenen Zeiten. Neben den berühmten Schatzkammern in Dresden öffnete damit auch eine ganz besondere Schatzkammer unweit von Chemnitz ihre Tore.
Nach fast 65 Jahren erstrahlen so prachtvolle Räume wie das 1725 errichtete Chinesische Zimmer, der Rote Salon, das Königszimmer und die einstmals gräfliche Bibliothek, die heute für Trauungen genutzt wird, neu und weitgehend in ihrem ursprünglichen Aussehen. Da sämtliches Inventar in den Nachkriegswirren 1945 verschwand, das Schloss – von wem auch immer – fast komplett geplündert wurde, ist die gelungene Neubestückung aus Beständen privater Schenkungen umso beachtlicher. Im Chinesischen Salon, der als kostbarstes Zimmer gilt, ersetzen 140 Kunstwerke aus fünf Jahrhunderten die ursprünglichen Figuren, Vasen und Kannen aus Meißner Porzellan. Die rote Stofftapete aus echter Seide im Roten Salon, dem von der Rekonstruktion her teuersten Raum im Schloss, wurde so nachgewebt, wie sie vor 1945 die Wände zierte. Die Vasen und Gemälde stammen aus der Sammlung Brühl, die Möbel sind Dauerleihgaben der Kunstsammlungen Chemnitz.
Auch die Eingangshalle zum Schloss, die zugleich als Durchgang in den 920 Quadratmeter großen Schlosshof mit Brunnen, Kapelle, Teehaus und Restaurants dient, präsentiert sich wieder wie im Jahr 1908. Damals konnte – nach einem großen Schlossbrand drei Jahre zuvor – die gräfliche Familie Vitzthum von Eckstädt ihr neu aufgebauten Schloss wieder in Besitz nehmen. Zwei breite Sandsteintreppen führen heute wie damals in großem Schwung in die erste Etage. Alles ist in Weiß und Gold gehalten, die Wände schmücken mächtige Geweihe. Hier beginnt der Rundgang durch die Schatzkammer, die eigentlich aus vielen kleinen Schatzkammern besteht. Und jede dieser Kammern ist erfüllt von Musik – passend zu jedem Ausstellungsbereich. „Von China nach Europa" sind die Scherenschnitte aus drei Jahrhunderten überschrieben. „Zwischen den Welten" heißt der Bereich, der sich mit Geisterglaube und Ahnenkult in Westafrika befasst. Unter „Mythos Ostasien" werden Kostbarkeiten aus China und Japan präsentiert. „Den Göttern ganz nah" ist jener Sammlungsteil, der Alltag und Religion im Himalaja reflektiert. Den Bereich Ostasien beleben Stücke aus der Sammlung Brühl. Die Bereiche Westafrika und Himalaja ermöglichte die Sammlung des promovierten Ethnologen Walter A. Frank, der als Gegenleistung Wohnrecht im Schloss erhielt. 1200 Halogenstrahler und 500 Glasfaserspots setzen die Exponate in den ansonsten abgedunkelten, in kräftigen Farben gehaltenen Räumen ins rechte Licht, machen das Museumserlebnis zu etwas Besonderem.
Einen echten Kontrast bietet im Nordflügel des Schlosses die „Galerie Angewandte Kunst Schneeberg", wie an der Tür zu lesen ist. Schneeberger Studenten präsentieren hier auf rund 500 Quadratmetern Fläche in drei Etagen junges Design aus unterschiedlichsten Bereichen: Holzgestaltung, Mode, Textilkunst, Musikinstrumentenbau sind es in der Dauerausstellung, daneben gibt es wechselnde Sonderschauen.

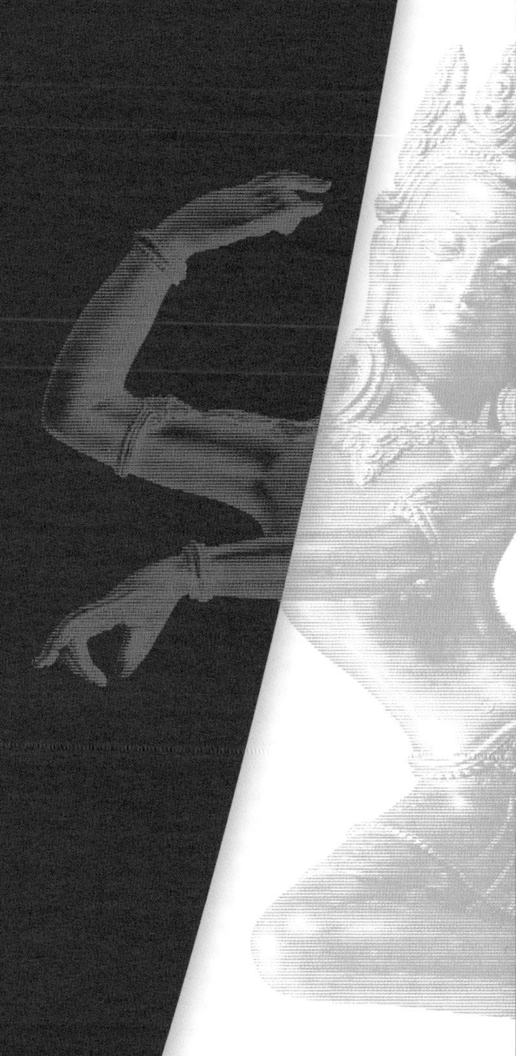

Doch was wäre Schloss Lichtenwalde ohne seinen Park und die idyllische Landschaft des Zschopautals mit seinen Wanderwegen? Schloss und Park gelten heute als eines der bemerkenswertesten Barockensembles in Deutschland. Im Unterschied zu anderen Barockgärten, wo die Sichtachsen und Wege zum Schloss hin symmetrisch ausgerichtet wurden, ist der Park von Lichtenwalde in das zur Zschopau steil abfallende Gelände eingebunden worden. Niemand kennt den Namen des Gartenarchitekten, der sich damit ein bleibendes Denkmal setzte. Er ließ in der Hanglage Terrassen anlegen und diese durch Heckengänge und prächtige Treppen zumeist aus Rochlitzer Porphyr verbinden. Sichtachsen lenken den Blick nicht vordergründig auf das Schloss, sondern in das liebliche Zschopautal. Der größte Teil des Parks, wie er sich heute den Besuchern bietet, entstand zwischen 1730 und 1737. Einen besonderen Reiz verleihen ihm 100 Wasserspiele, deren 400 sprudelnde Springstrahlen durch einen ausgeklügelten Wasserkreislauf verbunden sind. Bereits mit dem Anlegen des Parks wurde 1730 ein Wasserhochbehälter mit 800 Kubikmetern Fassungsvermögen gebaut. Er nahm das Wasser auf, das von der 60 Meter tiefer gelegenen Zschopau hier hoch gepumpt wurde, um die Parkfontänen – bis hin zu den „Sieben Künsten" – zu versorgen, von wo es wieder hinunter ins Zschopautal rauschte. Bis 1997 sind die gesamten Wasseranlagen in dem 13 Hektar großen Schlosspark erneuert worden. Die Wasserspiele funktionieren noch immer wie zu Zeiten des damaligen Hausherrn. Allerdings ist heute dazu moderne Pumpen- und Steuerungstechnik im Einsatz. Im Winterhalbjahr, wenn die Wasserbecken leer und die Pumpen abgeschaltet sind, ist es die Stille des Parks, sind es die mit Schnee bedeckten Putten und Vasen, die Sphinxen am Altan, die Erholung für die Sinne bieten. Dann ist der Parkbesuch zudem gratis.

Im Sommerhalbjahr wird den zahlenden Gästen eine Vielzahl von Freiluftveranstaltungen geboten. Eine äußerst reizvolle ist in den vergangenen beiden Jahren den beiden Akteuren vom Schlosstheater Augustusburg gelungen: Anna Silke Röder und Andreas Unglaub. Sie bespielten den Park schon vorher mit Don Quichotte, entdeckten ihn aber dann als Spielstätte für ein ganz besonderes Zwei-Personen-Stück: die „Gartenbuhlschaften". Vor der romantischen Kulisse geben sie ein Intrigenspiel zum Besten, bei dem der Zuschauer wie durch ein Schlüsselloch zuschauen darf und dabei unmerklich durch den ganzen Park geleitet wird. Schon die Ouvertüre, bei der Andreas Unglaub als Herzog hoch zu Ross über die gepflasterte Schlossallee geritten kommt, macht neugierig. Anna Silke Röder, die widerspenstige und eigenwillige Gräfin, wartet schon ungeduldig auf ihren Gast – zusammen mit den Zuschauern. Das höfische Paar begibt sich in den Park und das Publikum folgt ihm beim Bummel durch die verschiedenen Bereiche, macht mit ihm halt an den herrlichen Wasserspielen und Brunnen. „Seht ihr nun, wozu die Gärten gemacht sind? Zur Muse!", klärt die Grafin den schmachtenden Herzog und die Zuschauer auf. Sie philosophiert über Verführungskünste und singt ein Loblied auf den Park. Das amüsante Wortgefecht, bei dem unter anderem Texte aus barocker Lyrik von den beiden Akteuren zu einer effektvollen Theaterfassung verarbeitet wurden, geben Einblick in höfische Spannungen des 18. Jahrhunderts, wie es sie vermutlich auch, aber nicht nur auf Lichtenwalde gab. Sinnliche Verführung, intrigante Dialoge, eiskalte Gerissenheit – auf nichts muss der Zuschauer bei dieser außergewöhnlichen Parkführung verzichten. Der Audio-Guide, den Interessenten an der Kasse ausleihen können, kann dieses kleine Sommertheater mit musikalischem Rahmen, bei dem sogar Bier und Sekt gereicht werden, nicht ersetzen.

Gabi Thieme

Hoch über dem romantischen Flusstal der Zschopau ...

High above the romantic Zschopau river valley...

... liegen Barockschloss und Park Lichtenwalde. Das inzwischen prächtig restaurierte Ensemble wurde im 18. Jahrhundert gebaut. Zuvor hatte sich hier eine Burganlage befunden, die jedoch 1722 bis auf wenige Reste abgerissen wurde.

...is the baroque castle and park Lichtenwalde. The beautifully restored ensemble was built in the 18th century. Earlier, a castle was located here, which was almost completely demolished in 1722.

Nachfolgende Seite: Der herbstliche Park, dessen Bau 1767 im Wesentlichen abgeschlossen war, lädt zu ausgedehnten Spaziergängen ein.

The autumnal park whose construction was essentially finished in 1767, is attractive for long walks.

Eine Parkführung der besonders amüsanten Art gestalten die Schauspieler Anna-Silke Röder und Andreas Unglaub in ihrem Stück „Gartenbuhlschaften".

An especially entertaining guided tour of the park is offered by the actress Anna-Silke Röder and actor Andreas Unglaub in their play „Gartenbuhlschaften".

Rosen, Seerosen und Schmucklilien zieren im Sommer den Schlosspark.

Roses, water lilys and agaphantus decorate the castle park in summer.

„Die sieben Künste“ am Ende des Schlossparkes gehören zu den zahlreichen Wasserspielen und Brunnen.

„The seven arts“ at the end of the castle park is among the many fountains on the premises.

Putten und bepflanzte Vasen im Park machen jeden Spaziergang zu einem Erlebnis.
Putti and planted vases in the park make every walk a real pleasure.

Fotomotive gibt es im Schlosspark zu jeder Jahreszeit. Besonders bei Hochzeitspaaren gilt das Ambiente rund um das Schloss als beliebter Hintergrund für die Fotos von einem der schönsten Tage des Lebens.

In every season there are many great photo opportunities in the castle park. Especially among wedding couples the atmosphere around the castle is very popular as a background for the pictures of the happiest day of their lives.

Sommerliche Blütenpracht im Schlosspark.

Summerly blossom in the castle park.

Konzerte im Park, wie hier mit den zehn Sopranos, gehören zum abwechslungsreichen kulturellen Angebot in Lichtenwalde.

Concerts in the park, here with the ten sopranos, are part of the various cultural opportunities in Lichtenwalde.

Ein Spaziergang durch die Jahreszeiten.

A walk through the seasons.

Der Neuschnee verzaubert Bänke, Putten und Vasen.

An enchanting scene with fresh snow atop benches, putti and vases.

Auch im Winter eine Augenweide: Die Altantreppe im Schloss Lichtenwalde.

Eye candy in winter: Altantreppe in the Lichtenwalde Castle.

Nach 65 Jahren erstrahlen die prachtvollen Räume – wie der Chinesische Salon, der als kostbarstes Zimmer gilt – im neuen Glanz.

After 65 years these splendid rooms – like the most precious Chinese Salon – shine in new glory.

Das 1765 errichtete Zimmer zeigt Kunstwerke, darunter wertvolle Vasen, aus fünf Jahrhunderten.

This room which was created in 1765 shows works of art, among them precious vases over five centuries.

Die Stofftapete im Roten Salon wurde originalgetreu so nachgewebt, wie sie vor 1945 die Wände zierte. Die Vasen und Gemälde stammen aus der Sammlung des verstorbenen Georg Brühl, die Möbel sind Dauerleihgaben der Kunstsammlungen Chemnitz.

The fabric wallpaper in the Red Salon was weaved in the style of the original design as it decorated the walls before 1945. The vases and paintings come from the collection of the deceased Georg Brühl, the furniture are permanent loans by the Art Collection Chemnitz.

Die Gemälde „Knabe mit Kaninchen" von Friedrich Traugott Georgi aus dem Jahre 1825 und „Stilleben mit Pfau" von Jacob Rootius aus dem Jahr 1675 im Roten Salon.

The painting „Boy with rabbit" by Friedrich Traugott Georgi from the year 1825 and „Still life with peacock" by Jacob Rootius from the year 1675 in the Red Salon.

In der Ausstellung „Den Göttern ganz nah“: Ein Buddha aus Indonesien. Zu einer überlebensgroßen Buddha-Statue muss dieser kolossale Kopf aus Lavagestein gehört haben.

In the exhibition "Close to the gods": A buddha from Indonesia. The colossal head must have belonged to a larger than life statue made of lava rock.

Links: Chinesischer Hausaltar mit Buddha-Figur.
Rechts: Tanzende Yogini, in Kupfer gegossen, aus Nepal; 18. Jahrhundert.

Chinese family altar with buddha figure.
Right: Dancing Yoginis from Nepal, cast from copper; 18th century.

ciple, the bell the female principle. The Adi-Buddha Vajrasattva or „vajra being“ is regarded as the primordial Buddha. He holds the diamond sceptre and bell because he unites both principles in himself.

Das Diamantzepter „Vajra“ und die Zeremonialglocke „Ghanta“ sind wichtige Bestandteile buddhistischer Rituale.

The diamond scepter “Vajra” and the ceremonial bell „Ghanta“ are important elements of buddhist rituals.

In der Ausstellung „Mythos Ostasien – Kostbarkeiten aus China und Japan“: Vasen, Dosen, Teller und Kannen aus Emaille aus dem China des 18. und 19. Jahrhunderts.

In the exhibition “Myth East-Asia – Precious Goods from China and Japan“: Vases, tins, plates and cans made of enamel from 18th and 19th century China.

Japanische Satsuma-Keramik aus der Meiji-Zeit, dem späten 19. Jahrhundert.

Japanese Satsuma ceramics from the Meiji period, late 19th century.

Drachenboot aus Holz, Büffelhorn und Elfenbein (aus Japan oder Korea, 19. Jahrhundert) und Darstellung eines Fischers aus geschnitztem Elfenbein. (China, Quing-Dynastie 1644 - 1911). darunter chinesische Fo-Hunde aus Porzellan, ebenfalls aus der Quing-Dynastie.

Dragon boat made of wood, buffalo horn and ivory (from Japan or Korea, 19th century) and a fisher made of carved ivory. (China, Quing dynasty 1644-1911).

In der Ausstellung „Zwischen den Welten – Ahnenkult und Geisterglaube in Westafrika": Vorn stammesfürstliche Grabfiguren aus Terrakotta (Ghana, 19. Jahrhundert) dahinter Gedenkköpfe an Verstorbene aus Terrakotta (Ghana, 18. bis 20. Jahrhundert).

In the exhibition „Between the worlds – Ancestor Worship and Belief in Ghosts in West Africa": In the front, tribal tomb sculptures made of terracottta (Ghana, 19th century), in the back memorial heads for the deceased made of terracotta (Ghana, 18th to 20th century).

Oben: 21 Gedenkköpfe an Verstorbene aus Terrakotta (Ghana 18. - 20. Jahrhundert)
Unten: Drei Fruchtbarkeitsfiguren aus Holz (Burkina Faso, Mali, Elfenbeinküste, um 1960).

top: Twenty-one memorial heads made of terracotta (Ghana, 18th to 20th century).
bottom: Three fertility figures made of wood (Burkina Faso, Mali, Ivory Coast, around 1960)

In der Ausstellung „Von China nach Europa“ sind kunstvolle Scherenschnitte aus drei Jahrhunderten zu sehen.

The exhibition „From China to Europe“ shows artful silhouettes from three centuries.

Die Scherenschnitte „Drei Damen beim Pferderennen“ und „Seepferd und Froschkönig“ von Luise Neupert.

The silhouette „Three ladies at a horse race“ and „Seahorse and Frog King“ by Luise Neupert.

„Die vier apokalyptischen Reiter“ – ein Scherenschnitt zur Erinnerung an den 13. Februar 1945 in Dresden von Emil Lohse.
„Aschenputtel“ von Lotte Gützlaff.
„Tiere im Rund“ von Anne-Liese Krannich.
„Erinnerung an Griechenland“ von Christa Bachmann.

„The Four Horsemen of the Apocalypse“ - a silhouette commemorating February 13th 1945 in Dresden by Emil Lohse.
„Cinderella“ by Anne-Liese Krannich.
„Memory of Greece“ by Christa Bachmann.

Im Nordflügel des Schlosses wird in der „Galerie Angewandte Kunst Schneeberg" auf einer Fläche von 500 Quadratmetern Design aus den Bereichen Holzgestaltung, Mode, Textilkunst und Musikinstrumentenbau präsentiert.

In the north wing of the castle, the „Gallery of Applied Art Schneeberg shows wood design, fashion, textile art and musical instruments over a space of 500 square meters.

Eine kreative Holzkugelbahn, die Kinder selbst zusammenbauen können, zeigt Designer und Holzgestalter Professor Gerd Kaden.

A creative wooden marble roller-coaster by designer and wood artist Professor Gerd Kaden.

Die Schlosskapelle in Lichtenwalde.

The castle's chapel in Lichtenwalde.

Taufstein und Altar in der Schlosskapelle.

Baptismal font and altar in the chapel.

Fürstlich essen im Gräflichen Salon des Schlossrestaurants Vitzhum. Die angehende Restaurantfachfrau Maria Dathe richtet die rustikale Seelachsplatte auch fürs Auge schön her.

A princely meal in the Count's Salon of the castle restaurant Vitzhum. The future restaurant specialist Maria Dathe prepares the rustic coalfish plate, also as a visual pleasure.

BURG SCHARFENSTEIN

Die Märchenburg auf dem Scharfenstein

Der Weg hinauf zur Burg Scharfenstein ist Fußgängern vorbehalten. Das Auto muss unten stehen bleiben. Nach einem kurzen, mäßig steilen Anstieg über den Burgberg oder den etwas längeren Karl-Stülpner-Weg lässt man das moderne Dorf Scharfenstein beinahe hinter sich zurück und sieht sich, je näher man dem prachtvollen Renaissancetor kommt, um einige Jahrhunderte zurückversetzt – in die Zeit der Besiedlung des Erzgebirges, des dunklen Miriquidi, die Zeit des Mittelalters. Und doch bleibt man – angesichts eines sehr modernen Museums auch ganz in der Gegenwart. Noch immer hat die Burg etwas Verwunschenes – mit ihren Mauerresten, den stillen Winkeln, dem schmalen, romantischen Rundgang am Fuße der Burgmauern durch eine still zugewachsene Landschaft, in der die Zeit – so scheint es – dann doch ein wenig stehen geblieben ist.

Doch das ist sie nicht – auch wenn man sich noch immer gut vorstellen kann, dass die ersten Anfänge der Burg im 13. Jahrhundert auf einem uneinnehmbaren Felsen einst guten Schutz für die Bauern und Bergleute am Fuße des Berges und für die Handelswege durch das wilde Erzgebirge bot. Hier lebten die ersten Siedler auf der Suche nach einem Ort, den sie urbar machen konnten, um zu überleben, auf der Suche nach Silber; hier lebten die Bergleute, angezogen vom Berggeschrei; hier wurde geboren und lebte der Wildschütz Karl Stülpner, dessen Geschichte untrennbar mit dem Ort und der Burg Scharfenstein verbunden ist und an den auch das moderne Treiben auf der Burg erinnert.

In der Biographie dieses aus ärmlichen Verhältnissen stammenden Karl Stülpner, der Soldat, Deserteur, Wilderer, eine Zeit lang Wohltäter der einfachen Leute, später begnadeter Geschichtenerzähler war und schließlich, mittellos, nur dank der Spenden einer solidarischen Bevölkerung lebte, spiegelt sich gleichsam dieses Gebirge mit seinem ganz eigenen, eigensinnigen Menschenschlag. Dem wiederum ist auch Burg Scharfenstein ein Wahrzeichen.

Kleine Wehr- und Schutzburg war sie, in der Renaissance wurde sie zur Wohn-Burg umgebaut und maßvoll verziert. 1921 brannten drei Viertel der Burg ab, sie wurde wieder aufgebaut, originalgetreu rekonstruiert, war aber von der Familie des Grafen von Einsiedel dann doch nicht mehr zu halten, musste 1931 verkauft werden. Nach dem Krieg, in der DDR, führte sie ein Schatten-Dasein, zeitweise war sie ein Heim für „schwer erziehbare" Jugendliche, wie das damals genannt wurde.

Nach der Wende 1989 erlebte Burg Scharfenstein eine wundersame Auferstehung. In nur fünf Jahren, von 1993 bis 1998 wurde sie komplett erneuert und endlich wieder für Besucher geöffnet.

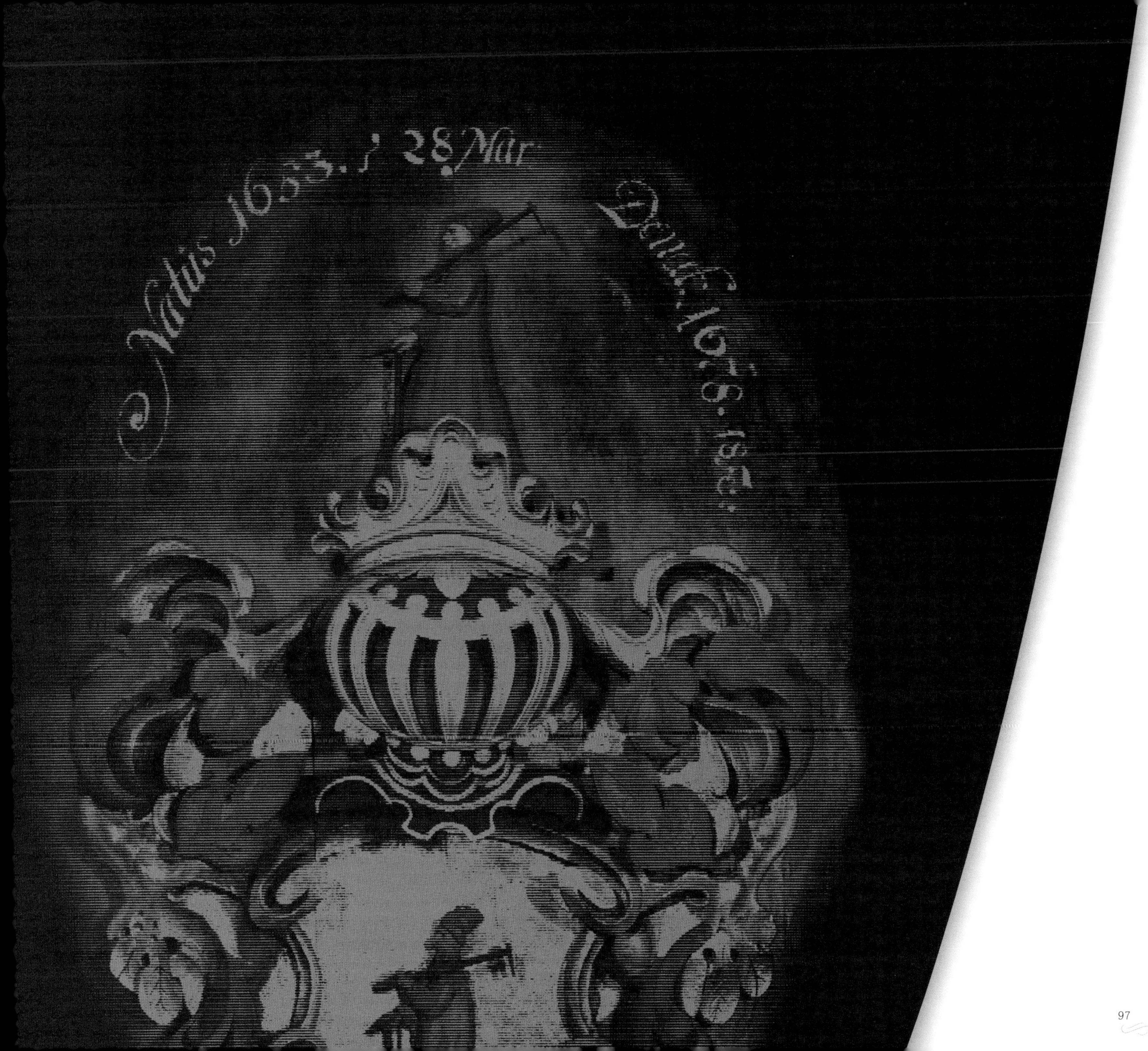
Natus 1653. d. 28 Mar

Dass es in den alten Räumen nicht nur kahle Mauern zu sehen gibt, dafür sorgt vor allem eine der bedeutendsten Ausstellungen mit erzgebirgischer Volkskunst. Die „Sehnsucht nach dem Licht“ mag die Erzgebirger immer begleitet haben. In der im wahrsten Sinne des Wortes phantastischen Ausstellung erzgebirgischer Volkskunst – eine großzügige Leihgabe von Johannes Martin, der ein Leben lang Pyramiden, Engel, Bergleute, Nussknacker und Holzspielzeug aus dem Erzgebirge sammelte – wird sie lebendig. Schon der Eingang mit seiner einer Pyramide nachempfundenen Drehtür stimmt auf den Gang durch das Wunderland ein, das in der Verbindung von christlichem Glauben der Bergmannsfamilien und dem Stolz auf die harte Arbeit untertage seinen märchenhaft-realistischen Ausdruck fand. In den teilweise jahrhundertealten Figuren spiegelt sich das Leben der Gebirgsbewohner. Weit entfernt vom Kitsch späterer Zeiten, tragen die Bergleute und Engel, die Nussknacker und Räuchermännchen die Züge des Volkes und der Obrigkeit, spiegeln ihr im Laufe der Zeit gewandeltes Verhältnis auf derbe und doch auch subtile Art wider. Dem Niedergang des Silberbergbaus im 17. Jahrhundert folgte ein Aufschwung der Volkskunst – als Erwerbszweig und als bis heute währende Erinnerung an die Zeiten, da das Erzgebirge ein reicher Landstrich war, wovon noch heute seine prachtvollen Kirchen und eben auch Burgen und Schlösser zeugen.

Zwischen den rührend-naiven, manchmal disproportionierten alten Figuren erwartet nicht nur, aber vor allem die kleinen Besucher moderne Volkskunst zum Anfassen, gestaltet von Gerd Kaden, der dem Holz im Erzgebirge ein zeitgemäßes Antlitz verlieh, es für die industrielle Produktion gestaltete, es mit phantasievoll-spielerischen Funktionen ausstattete, die den Gang durch das Museum auch für Kinder zu einem aktiven und attraktiven Erlebnis werden lassen. Ein Stück Märchenland im Alltag.

Alt und Neu verbinden sich auf glücklich-geschickte Art in dem Museumskleinod, das sich schlicht dem Gelände und Gebäude der Burg anpasst. In einigen Räumen können Gäste der Burg auch selbst lernen, schöpferisch mit Holz oder mit dem Klöppelsack umzugehen.

Drumherum erinnern Mauerreste an die Vergänglichkeit und die sich ändernden Zeiten, denen sich die Burg stolz anpasst. Nachgespielte Stülpner-Episoden und Weihnachtsmarkt auf Burg Scharfenstein, ein deftiges Essen in der rustikalen Burgschänke, ein Spaziergang auf den Spuren Karl Stülpners im Dorf – Scharfenstein ist mehr als einen Besuch wert.

Matthias Zwarg

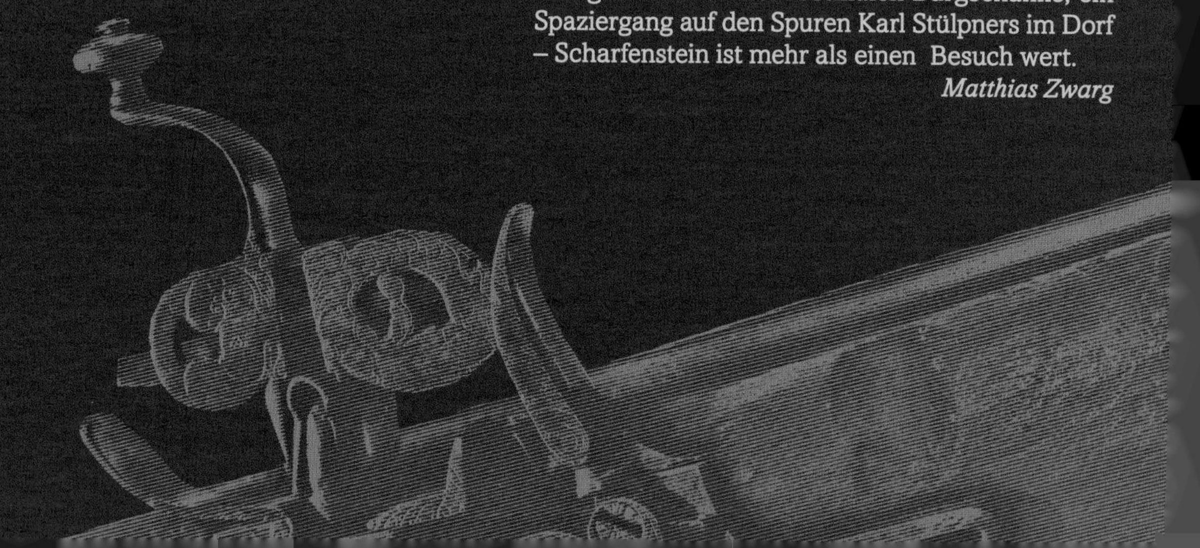

Hoch über der Zschopau thront Burg Scharfenstein.
Mit der Erzgebirgsbahn ist die Anreise am gemütlichsten.

Scharfenstein Castle overlooking the river Zschopau.
The most comfortable way to get there is with the Erzgebirgsbahn.

Dorf und Burg Scharfenstein aus der Luft. Ursprünglich schützte eine kleine Burg die Handelsstraßen im Erzgebirge. Die alte Burg wurde um 1250 errichtet.

Scharfenstein and its castle seen from above. Originally, a small castle protected the trade routes in the Ore Mountains. The old castle was built in 1250.

Aus der Luft sind die verschiedenen Bauetappen der Burg noch heute gut zu erkennen. Die Anlage wurde 1530 erneuert, 1630 kam ein Renaissance-Portal hinzu, 1921 bis 1923 wurde sie nach einem Brand originalgetreu wieder aufgebaut, nach 1990 wurde die Burg grundlegend restauriert.

The multiple stages of construction are still visible from above. The structure was renewed in 1530, in 1630 a renaissance portal was added, between 1921 and 1923 the castle was rebuilt according to its original design following its destruction in a fire, and after 1990 the castle was fundamentally restored.

Blick vom Aussichtsfelsen Zenker auf die Burg Scharfenstein.

View from the viewing rock Zenker towards castle Scharfenstein.

Die Burg auf dem „Scharffenstein" über dem Tal der Zschopau. Rund um die Burg führt ein romantischer Wanderweg.

The castle atop the „Scharffenstein", overlooking the river Zschopau. A romantic hiking trail leads around the castle.

Zur Freude vieler Kinder verwandelt sich Scharfenstein jeden Sommer an mehreren Tagen in eine Märchenburg. Ob bei Ritterspielen, Märchenvorlesungen, Puppentheater, Knüppelkuchen oder bei Experimenten mit Hexe Durtro – die jungen Gäste fühlen sich wohl auf der alten Burg.

To the enjoyment of many children, Scharfenstein turns into a fairytale castle for many days every summer. Whether by dressing up as knights, listening to fairytales, watching puppet shows, eating roasted bread on a stick, or conducting experiments with Durtro the witch, kids enjoy themselves in the old castle.

Bei Führungen durch die Burg schlüpft Ralph Görner in die Figur des Volkshelden Karl Stülpner. Dabei werden Szenen aus dem Leben des Wildschützen nachgestellt, zum Beispiel die Belagerung der Burg, die Zwangsrekrutierung von Soldaten für das preußische Militär. An den Vorführungen sind Mitglieder des „Grenadierbataillon von Spiegel" aus Wolkenstein und Chemnitz und vom „Königlich-preußischen Infanterie-regiment Nr. 25 von Möllendorf" beteiligt.

During guided tours of the castle, Ralph Görner slips into the role of the folk hero Karl Stülpner. Scenes from the life of the hunter are reenacted, for instance the siege of the castle and the forced recruitment of soldiers for the Prussian military. Members of the „Grenadier Bataillon von Spiegel" from Wolkenstein and Chemnitz participate in the staging, as well as members from the „Royal-Prussian Infantry Regiment von Möllendorf".

In der Burgschenke erzählen Wandbilder vom bewegten Leben des erzgebirgischen Volkshelden Karl Stülpner, der 1762 in Scharfenstein geboren wurde.

At the local tavern, pictures tell of the exiting life of the folk hero Karl Stülpner who was born 1762 in Scharfenstein.

linke Seite: Chefkoch Uwe Wolf präsentiert ein deftiges „Ketzerfrühstück" mit geräucherten Rippchen und Knoblauchsoße.

Head cook Uwe Wolf presents a hearty "Heretic's breakfast" with smoked ribs and garlic sauce.

Erzgebirgische Klöße mit Sauerkraut und Schweinshaxe gehören ebenfalls zur typischen Regionalküche der Burgschänke.

Traditional dumplings with sauerkraut and knuckle of pork are also part of the traditional cuisine of the region served at the tavern.

In der ständigen Ausstellung „Volkskunst mit Augenzwinkern" in der so genannten Tonne der Burg sind phantasievolle und lustige Exponate des gebürtigen Erzgebirgers Prof. Dr. Roland Unger zu sehen.

The permanent exhibition "Popular art with a grain of salt" in the so called barrel of the castle shows fanciful and funny exhibits by the local Prof. Dr. Roland Unger.

Die Weihnachtspyramide von Scharfenstein ist der Burg nachempfunden.

Scharfenstein's Christmas pyramid resembles the castle.

In der Adventszeit erfreut ein kleiner Weihnachtsmarkt im Burghof die Besucher. Zur Eröffnung kommen Kinder in Kostümen als Weihnachtsmann, Bergmann, Lichterengel und Wichtel den Burgberg hinauf. Auch der Stülpner-Karl darf nicht fehlen.

In the Advent season, a small Christmas fair in the castle yards delights the visitors. For the opening, children ascend the castle mountain dressed as Santa Claus, miners, angels and Christmas elves. Karl Stülpner shall also be present.

Schatz ich liebe Dich
Frohes Fest
Du bist der Hammer
Gänse-blume
Mein Sonnen-schein
frische Schokoladen-Apfel
Stück: 1,50 €
frische Schokoäpfel
- vollmilch, zartbitter, weiß -
Stück 1,50 €
süße rote Zuckeräpfel
Stück 1,50 €
enthält Farbstoffe
vier riesengroße Gummischlangen
Tüte: 1,50 €

linke Seite: Der kleine, aber feine Weihnachtsmarkt im Burghof.

The small but excellent Christmas fair in the castle yard.

In der Kreativwerkstatt in der Burg können Besucher in der Adventszeit selbst kleine Geschenke für das Weihnachtsfest basteln.

In the creative workshop, visitors of the castle can make small Christmas presents themselves during the Advent season.

In der Ausstellung „Die Sehnsucht nach dem Licht“ wird die Sammlung erzgebirgischer Volkskunst des langjährigen Sammlers Johannes Martin eindrucksvoll in Szene gesetzt.

The exhibition „The longing for light“ impressively presents the collection of popular art from the Ore Mountains by the long-time collector Johannes Martin.

Lichterengel von Max Timmel aus Marienberg aus der Zeit von 1870 bis 1900.

Light angel by Max Timmel from Marienberg from the time period of 1870 to 1900.

Bergmänner und Lichterengel aus gedrechseltem Holz – die Ausstellungsstücke demonstrieren, wie die Formen erzgebirgischer Figuren im Laufe der Jahre verändert worden sind.

Woodturned miners and light angels; the exhibits show how the shapes of the traditional figures changed over the years.

Die von dem Designer Gerd Kaden gestaltete Holzkugelbahn kommt bei Kindern gut an.

The marble ball roller-coaster by designer Gerd Kanen is very popular among the children.

Das Riesenrad, „Russche Luftschaukel" genannt, stammt aus dem Jahr 1922.

The Ferris wheel, „Russche Luftschaukle", was built in the year 1922.

1922.
Russche Luftschaukel
W.Knorr.

Nussknacker aus moderner Industrieproduktion im Erzgebirge führen die Ausstellung bis in die Gegenwart.

Nutcrackers, industrially manufactured in the Ore Mountains, lead the exhibition even until today.

Eine gedrechselte, geschnitzte und bemalte Bergparade des berühmten Seiffener Holzkünstlers Walter Werner, entstanden 1990 bis 1994.

A wood-turned, carved and painted Miners Parade, built by the famous wood artist Walter Werner from Seiffen made between 1990 and 1994.

Zu den zahlreichen Puppenstuben und Kaufmannsläden für Kinder gehört diese historische Apotheke aus dem Jahr 1900.

This pharmacy from 1900 belongs to the many doll houses and toy shops for children.

Nussknacker des Seiffener Spielzeugmachermeisters Klaus Merten.

Nutcracker by the Seiffen toymaker Klaus Merten.

Überall in der Ausstellung gibt es Modelle, die die kleinen und großen Besucher auch selbst bedienen können.

Everywhere in the exhibitions there are objects to be used by young and young-at-heart visitors.

In der ständigen Ausstellung zur Geschichte der Burg Scharfenstein ist in der Stube B diese reich ornamentierte Holzbalkendecke mit Lehmausfachung aus dem 16. Jahrhundert zu sehen.

The permanent exhibition on the history of the castle shows this beautifully ornamented wooden ceiling with clay infill from the 16th century. (Located in room B.)

Auch ein Stück Burggeschichte: Epitaph für Hans von Einsiedel aus dem Jahre 1678. Von 1492 bis 1931 war die Burg im Besitz der Familie Einsiedel.

Another piece of castle history: Epitaph for Hans von Einsiedel from 1678. The castle belonged to the Einsiedel family from 1492 to 1931.

Der weiland Hoch Edelgebohrne Gestrenge und Mannveste HErr Hanß von Einsiedel Capitain Lieutenant
Natus 1653. d. 28 Mar.
Denat. 1678.

Links: Verschiedene Kapitelle- und Baluster-Fragmente erinnern an die Vergangenheit der Burg.

Left: Different fragments of capitals and balusters are reminders of the castle's past.

Rechts: Eine Vitrine mit Küchengerät, Zinnbechern, Krügen und Tellern aus dem 18. und 19. Jahrhundert.

Right: A showcase with kitchenware, tin cups, jugs and plates from the 18th and 19th century.

Waffenkunst vergangener Zeiten auf der Burg: Ein Radschloss-Selbstschussgerät aus dem 17. Jahrhundert, das eine Schrotladung auslöste, wenn Wild eine gespannte Schnur berührte.

Weaponry from the past at the castle: A wheellock spring gun from the 17th century. It automatically released a shot when a deer touched the string.

Nach dem Brand und der völligen Zerstörung des Wohnflügels im Jahr 1921 wurde dieser Teil der Burg 1923 nach historischem Vorbild mit seiner gotischen Fassaden-Verzierung aus Chemnitzer Porphyr wieder aufgebaut.

After the fire and the complete destruction of the living quarters in 1921, this part of the castle was rebuilt in 1923 according to the original design with gothic façade decoration made of porphyry from Chemnitz.

Die Burg ist ein beliebter Ort für Hochzeitsfeiern. Im historischen Kirchflügel befindet sich der Trau- und Festsaal, in dem sich Paare das Ja-Wort geben.

The castle is a popular place for weddings. In the historical church wing, where the wedding hall and ballroom are located, is where couples say "I do."

SCHLOSS AUGUSTUSBURG

Chronik

31. März 1206:	Erste urkundliche Erwähnung von Schellenberg.
1275 – 1293:	Fehde Heinrich und Ulrich von Schellenberg mit Kloster Altzella.
1319:	Verwüstung der Altzellaer Klostergüter durch Heinrich von Schellenberg.
1324:	Ächtung von Heinrich von Schellenburg. Einziehung seines Besitzes. Schellenburg wird Besitz des Markgrafen von Meißen.
1332:	Markgraf von Meißen als Besitzer belehnt den Ritter Friedrich von Honsberg mit Burg Schellenberg.
1421:	Pflanzung der Linde. Sage: Ein Verurteilter wollte seine Unschuld damit beweisen, dass er sie verkehrt herum gepflanzt hatte.
1528:	Ein Teil der Burg Schellenberg wird durch Brand vernichtet.
8. April 1547:	Eroberung von Schellenberg während des Schmalkaldischen Krieges.
28. April 1547:	Teilweise Zerstörung der Schellenburg durch Blitz.
30. März 1568:	Grundsteinlegung (Sommerhaus) zum Bau des Schlosses Augustusburg.
30. Jan – 2. Feb. 1572:	Einweihung der Schlosskirche.
1614:	Anbringung des Löwenwappens Johann Georg I.
22. August 1632:	Plünderung des Schlosses durch kaiserliche Soldaten während des Dreißigjährigen Krieges (1618 – 1648).
1659:	Abnahme der Geweihe im Lindenhaus.
1669:	Entfernung des Bleibelages auf der Galerie.
1704:	418 Polen und Schweden werden zeitweise (bis zum 23.November) auf Schloss Augustusburg inhaftiert. Dann Abführung nach Torgau. (1700 – 1721 Nordischer Krieg).
März 1722:	330 Geweihe werden von Schloss Augustusburg zum neuen Jagdschloss Wermsdorf oder nach Moritzburg gebracht.
1772:	Als letzter sächsischer Kurfürst weilte hier Friedrich August II. (August der III. von Polen).
1775:	Hopfen - und Getreidemagazin.
1776:	Abtragung der Balustrade (äußerer Umgang).
1784:	Fertigstellung der neuen Schlosskirchenorgel.
1785:	Versilberung der auf Schloss Augustusburg befindlichen Gehörne.
1796 – 1801:	Abtragung der Erker des Dachbereiches, noch vorhandener Balustraden (Pläne und Ausführung durch Baumeister Christian Traugott Weinlig).
1800:	Versteigerung der letzten vorhandenen Ausstattungsstücke.
1813:	Während des Befreiungskrieges gegen Napoleon (1813 – 1815) Errichtung eines Lazarettes auf dem Schloss.
1831:	Kauf des Schlosses durch den Staat. Einrichtung von Wohn- und Diensträumen der Revierverwaltung, des Rentamtes und des Amtsgerichtes.
1831:	Brunnenhaus abgebrannt.
1882:	Bau städtischer Wasserleitung und Anschluss des Schlosses an das Wassernetz. Der Brunnen verliert seine Bedeutung.
1925:	Einrichtung eines Erzgebirgsmuseums im Hasensaal und Fürstensaal.
1933:	Einrichtung einer Gauführerschule. Übergabe des Schlosses als NS-Führerschule am 24. Juni, 17 Uhr an die Gauleitung. Jugendherberge und Museum müssen weichen.
Sommer 1933:	Inhaftierung von 120 Personen und Arbeitseinsätze im Schlossbereich.
1938:	Schloss wird Flüchtlingslager.
7. Mai 1945:	Einmarsch der Roten Armee. Der Oberführer (Leiter Gauführerschule) lässt im Schlossbereich vor seiner Flucht Sprengsätze anbringen. Panzer der Roten Armee vor Augustusburg. Die Faschisten verlassen fluchtartig das Schloss, das seit 1933 als NS-Gauführerschule genutzt wurde. Antifaschisten nahmen die Geschicke von Schloss und Stadt in ihre Hände.
1951:	Im Mai wird das Kreismuseum im Hasensaal eröffnet.
1952:	Ab Januar 1952 übernimmt die Hauptverwaltung der Staatlichen Museen, Schlösser und Gärten die Verwaltung.
1953:	Wiedereinrichtung der Jugendherberge.
1961:	Gestaltung und Eröffnung der Kutschensammlung im Stallgebäude. Aufbau und Eröffnung des Zweitakt-Motorrad-Museums im Küchenhaus (1. Oktober).
1962:	Abschluss der Restaurierungsarbeiten in der Schlosskirche.
1969:	Eröffnung des Museums für Jagdtier- und Vogelkunde des Erzgebirges.
1972:	Restaurierung der Renkewitz- Orgel.
1981:	Völlige Neugestaltung des Zweitakt-Motorrad-Museums anlässlich seines 20jährigen Bestehens.
1985:	Völlige Neugestaltung der Vogelkundeabteilung im Museum für Jagdtier- und Vogelkunde des Erzgebirges-Eröffnung der Museumsabteilung „Entwicklung des Zweirades-Motorradgeschichte" im Erdgeschoss des Küchenhauses.
1991:	Wiedereröffnung des neugestalteten Kutschenmuseums nach umfangreichen Sanierungsarbeiten.
1993:	Übernahme der Schlossverwaltung Augustusburg vom Landkreis Flöha als Staatlichen Schlossbetrieb Augustusburg in das Landesamt für Finanzen mitverwaltet.
1995:	Der Trompeterstuhl wird in einen reduzierten Erscheinungsbild wieder aufgerichtet.

1996:	Sanierung des gesamten Schlosshofes, dabei werden die verbliebenen Grundmauern der Schellenburg freigelegt.
2000:	Der Staatliche Schlossbetrieb wird in eine GmbH umgewandelt.
2004:	Umwandlung in eine gGmbH.

Wissenswertes:

Baumeister Hieronymus Lotter (geboren um 1497 in Nürnberg; gestorben 22. Juli 1580 in Geyer) war Kaufmann und mehrmals Bürgermeister von Leipzig, Bauleiter wichtiger landesherrlicher Bauprojekte in Sachsen, in Leipzig treibende Kraft für umfangreiche Baumaßnahmen des Rates. Er gilt nach der älteren Forschung fälschlich als bedeutender Architekt der Renaissance, tatsächlich ist jedoch keine Entwurfstätigkeit nachweisbar, diese beschränkt sich auf zum Teil erhebliche Leistungen in der Bauorganisation.
Er war vermutlich als Bürgermeister eine der treibenden Kräfte für den Umbau des Alten Rathauses in Leipzig (1556–57) zu einem der bedeutendsten Bauten der deutschen Renaissance, sowie weiterer städtischer Bauten, etwa der Alten Waage (1555) und des Rathauses in Pegau (ab 1559). Daneben stand er in landesherrlichen Diensten als Bauleiter (Baumeister) an der Leipziger Stadtbefestigung (ab 1551), wovon einzig die Moritzbastei bis heute erhalten ist. Und er war erster Oberbaumeister des Schlosses Augustusburg bei Chemnitz (1568 bis Januar 1572). Bauentwurf und Ausführung der im Zusammenhang mit Lotter entstandenen Bauten lassen sich verschiedenen bedeutenden Werkmeistern zuordnen; so für Teile der Leipziger Stadtbefestigung Meister Paul Speck, der auch bis zu seinem Tod 1557 für das Alte Rathaus verantwortlich war. Diesem folgte Paul Widemann als Obermeister nach, der diese Funktion u. a. auch bis zu seinem Tod 1568 auf der Augustusburg ausübte. Auf der Augustusburg trat ansonsten insbesondere Erhard van der Meer mit Entwürfen, etwa für die Schlosskapelle, hervor.
Nachdem er in jungen Jahren die Gunst des Kurfürsten Moritz von Sachsen besessen und erheblichen Wohlstand als Kaufherr erworben hatte (Bergbau, Geldleihe, Handel), verstarb er in Ungnade und in deutlich einfacheren Verhältnissen. Zunächst hatte er auch die Gunst von Moritz' Nachfolger August I. besessen. Dennoch führten Fehlspekulationen zu seinem wirtschaftlichen Ruin und schließlich zu seiner Entlassung.
Sein Sterbehaus in Geyer (Lotterhof) wird derzeit restauriert. Der Begriff Lotterwirtschaft geht auf die ihm nachgesagte spekulative, ungenaue und liederliche („verlotterte") Art des Wirtschaftens zurück.

Öffnungszeiten:

Sommersaison:	April – Oktober, täglich 9.30 – 18 Uhr
Wintersaison:	November – März, täglich 10 – 17 Uhr (31. Dezember 10 – 14 Uhr und 01. Januar 11 – 17 Uhr)
letzter Einlass:	30 min. vor Schließung
Schließtag:	24. Dezember

Auf Nachfrage öffnen die Museen auch außerhalb ihrer Öffnungszeiten.

Museen und Ausstellungen:

Jagdtier- und Vogelkunde des Erzgebirges
In der Dauerausstellung über jagdbare Vögel und Säugetiere in der Augustusburg kann der Besucher den einheimischen Tieren einmal ganz nahe kommen. Neben den Vögeln des Erzgebirges sind dort vor allem rund 120 verschiedene Säugetierarten in naturgetreuen Dioramen zu bewundern.

Adler- und Falkenhof
Neben den präparierten Tieren lassen sich auch lebendige Tiere auf der Augustusburg finden und zwar in der dort ansässigen Falknerei, in der über 40 Raubvögel gehalten werden. Es gibt regelmäßige Vorführungen, die demonstrieren, mit welcher Geschicklichkeit die gefiederten Jäger ihrer Beute nachstellen.

Motorradmuseum
Für Motorradbegeisterte bietet sich ein Besuch in diesem Museum an, das auf 1200 Quadratmetern 175 Motorräder von 1885 bis heute beherbergt und zu den umfangreichsten Motorradsammlungen Europas gehört. Ausstellungsschwerpunkte sind: Die Geschichte des Motorrades, der Motorradsport und der Zschopauer Motorradbau (DKW, Auto, Union und MZ). Die meisten der ausgestellten Modelle sind Originale, darunter gibt es einige seltene Unikate z. B. eine Hildebrand & Wolfmüller (erstes Serienmotorrad 1894) und zwei Megola (mit Fünfzylinder-Sternmotor 1922).

Kutschenmuseum
Wer sich eher für ältere Transportmittel interessiert, sollte hier einen Blick hineinwerfen. Es gibt Stadt- und Gesellschaftswagen, Schlitten des 19. und 20. Jahrhunderts. und bekannte Kutschentypen wie Landauer, Break, Vis-à-Vis und Parkwagen zu sehen und natürlich darf auch die schwarz-gelbe Postkutsche nicht fehlen. Den Höhepunkt bilden die Staats-, Gala- und Stadtwagen des ehemaligen königlich- sächsischen Marstalls (von althochdt.: marahstal, zusammengesetzt aus marah „Pferd (Mähre)" und stal „Stall") aus dem 18. und 19. Jh. Über die historische Entwicklung des Wagens informieren zeitgenössische Abbildungen und Texte.

Ausstellung zur Jagd- und Hofhaltung
Im Mittelpunkt der Ausstellung steht der erstmals öffentlich zugängliche Venussaal mit seinen illusionistischen Wandmalereien von Heinrich Göding. Das Gemälde des „Venusberges", einzigartig in der Wandmalerei des 16. Jahrhunderts im deutschsprachigen Raum, ziert alle Wände dieses imposanten Saales. In den angrenzenden Stuben können sich Interessierte über die historische Funktion des Schlosses, seine Ausstattung zur Zeit Kurfürst August von Sachsen und die Nutzung als Jagdschloss informieren. Des Weiteren erfährt der Besucher durch die ansehnliche Waffensammlung des Schlosses Augustusburg und die künstlerisch wertvollen Jagdwaffen aus den Staatlichen Kunstsammlungen Dresden etwas über die Entwicklung und Technik der Jagdwaffe vom 17. bis zum 20. Jahrhundert.

Richter, Henker, Missetäter
Der Liebhaber von Kerkern und gruseligen Geschichten wird in der neuesten Ausstellung auf der Augustusburg auf seine Kosten kommen. Im ehemaligen Schlosskerker befinden sich allerlei originale aber auch rekonstruierte Straf- und Folterwerkzeuge aus den vergangenen Jahrhunderten.

Die Turmgalerie
Für Kunstbegeisterte gibt es das ganze Jahr über wechselnde Ausstellungen in der Turmgalerie. Aber nicht nur der Blick auf die „Bildende Kunst" begeistert, sondern auch der Ausblick auf die umliegende Landschaft und den Fichtelberg.

Schlosstheater
Im schlosseigenen Theater inszenieren Anna Silke Röder und Andreas Unglaub immer wieder wechselnde Stücke: Von Adventsmärchen bis zu Biergeschichten. Durch die gemütliche und urige Atmosphäre des ausgebauten Heubodens und im Winter des Fasskellers wird so ein Theaterabend schnell zu einem besonderen Erlebnis.

Hasensaal
Nicht nur Theaterfreunde können sich auf dem Schloss verwöhnen lassen, auch für Musikliebhaber lohnt ein Besuch. Im Hasensaal finden immer wieder Konzerte statt, die für jeden Geschmack etwas bieten.

Schlossführung:

Wer vom Schloss und seiner Geschichte einen Gesamteindruck gewinnen möchte, der sollte die 50-minütige Schlossführung mitmachen. Sie besichtigen einen Teil des Lindenhauses, die Schlossanlage und als Höhepunkte die Schlosskirche mit dem berühmten Altarbild von Lucas Cranach dem Jüngeren und das im Wirtschaftshof gelegene Brunnenhaus.

Sonderführungen:

Darüber hinaus sind folgende Sonderführungen für Gruppen (auch außerhalb der Öffnungszeiten) im Angebot:
- Standardführung mit „Brunnenwasser"-Verkostung
  Bei dieser Führung wird im Rahmen der Brunnenhausbesichtigung „Wasser" geschöpft und verkostet – Wahlweise mit Korn oder Sekt
- nur „Brunnenwasser"-Verkostung
- Sonderführung „Auf Lotters Spuren"

Nach einer Einführung in die wechselvolle Baugeschichte am Schlossmodell wird die ehemalige Festetage unter dem Dach besichtigt. Die Runde führt vom Reiher- über Tanz- und Venussaal bis in die Hofstube. Trompeterstuhl und Balustrade bieten imposante Ausblicke. Außerdem kann man einen Blick in die Zisterne werfen, die imposante Dachkonstruktion des Haferbodens bewundern und das „Brunnenwasser" verkosten.

Restaurants:

Für die nach langen Führungen und Besichtigungen ausgehungerten Gäste und natürlich auch für alle erdenklich festlichen Anlässe gibt es drei gastronomische Einrichtungen:

Schlossgaststätte
- Saal mit ca. 120 Plätzen
- Gaststube mit ca. 25 Plätzen
- Eckstube mit ca. 30 Plätzen
- Tafelstube mit ca. 40 Plätzen
- Kaminzimmer mit ca. 30 Plätzen

Bei größeren Veranstaltungen lassen sich die Räumlichkeiten auch gemeinsam nutzen.
Öffnungszeiten: täglich ab 10 Uhr
Tel.: 037291/20 740
Fax: 037291/12317
Email: info@schlossgaststaette-augustusburg.de
Internet: www.schlossgaststaette-augustusburg.de

Augustuskeller
Schlossgewölbe mit ca. 100 Plätzen
info@augustuskeller-augustusburg.de
www.augustuskeller-augustusburg.de
Öffnungszeiten: mittwochs bis sonntags ab 11 Uhr

Arkadenbistro
Im Sommerhalbjahr haben zusätzlich das Arkaden-Bistro mit einem umfangreichen Imbissangebot sowie Biergärten im Schlosshof geöffnet.
Das Schloss bietet auch komplette Programme in Verbindung mit Museumsbesuchen, Schlossführungen und Aufführungen des Schlosstheaters an.

Information und Souvenirs:

Besucherbüro
Bestellungen für Gruppenführungen, Veranstaltungen, Gutscheine, Tagungen u. a. m. nimmt das Besucherbüro entgegen. Die Trauräume können besichtigt werden, man kann Orgelkonzerte oder „Wasserproben" für die Eheschließung buchen.
Tel: 037291 380-18

Bürozeiten:
Mo, Di, Do 9 – 12/13 – 17 Uhr
(zu anderen Zeiten nach telefonischer Absprache)

Trausaal und „Glücksschmiede"
Das Schloss verfügt über einen schönen Trausaal im Wirtschaftsgebäude (40 Plätze). Wer „etwas anders" heiraten möchte, kann das in der „Glücksschmiede" des Hasenhauses (40 Plätze) tun. Auskunft gibt das Besucherbüro, die Terminvergabe erfolgt durch das Standesamt (Tel. 037291 39519) der Stadt Augustusburg.

Souvenirshop
Literatur zu Schloss Augustusburg, pfiffige und originelle Geschenkideen für Groß und Klein, Postkarten, Mineralien, legendäre Dekowaffen, Bücher, Schmuck u. v. a. m.. Inhaber ist Heiko Bossard.

SCHLOSS LICHTENWALDE

Chronik

12. Jh.:	Errichtung einer Wehranlage.
1280:	Als Lehnsherr wird der Ritter Heidenreich erwähnt.
1291 – 1447:	Die Burg wechselt mehrmals den Besitzer: u. a. Böhmenkönig Wenzel II., 1336 Markgraf von Meißen, 1439 Conrad von Stein und Apel von Vitzthum. Letzterer erwarb den Besitz 1440 käuflich.
1447 – 1561:	Der Familie Harras verlehnt.
1450:	Brannte Herzog Wilhelm die Burg nieder, anschließend erfolgte der Wiederaufbau.
1561:	Wird die Anlage landesherrlicher Besitz und Lichtenwalde kurfürstliches Amt.
1562:	Wird ein großer Garten erwähnt, der als Obstgarten ähnliche Ausmaße wie der spätere Park hatte.
1622 – 1623:	Erneuerung der Schlosskapelle.
1694:	Der Dresdner Hof tauschte die Burg gegen das Schloss Pillnitz. So wurde die Familie von Bünau neuer Eigentümer.
1719:	Der Reichsgraf Heinrich Jakob Fleming kaufte das Anwesen.
1722:	Reichsgraf Christoph Heinrich von Watzdorf erwarb für 100.000 Gulden die Burganlage.
1722:	Abriss der Burg bis auf wenige Reste.
1722 – 1726:	Errichtung eines dreiflügligen Barockschlosses, dessen Architekt leider unbekannt ist.
1729:	Christoph Heinrich von Watzdorf verstirbt.
um 1729:	Umbau des Belvedes zum Teehaus.
1730 – 1737:	Sohn Friedrich Carl von Watzdorf lässt den Park anlegen.
1764:	Er verstirbt kinderlos, somit geht der Besitz an seine Frau, die Reichsgräfin Henriette Sophia Vitzthum von Eckstädt über.
1767:	Abschluss der Parkanlage mit dem „Ahornstück" und dem „Neuen Stück".
1767:	F. C. Luther zeichnete einen Bestandsplan des Parks.
1772:	Brüder der Reichsgräfin erben die die Barockanlage.
seit 1800:	Kleinere Umgestaltungen im Garten und Anlage eines englischen Landschaftsgartens außerhalb des Parks.
1839:	Erste Öffnungstage für Parkbesucher.
1. Mai 1905:	Ein Brand zerstört den Dachstuhl und das Obergeschoss. Dabei wird auch der Mittelgarten stark beschädigt.
1905 – 1908:	Wiederaufbau des Schlosses mit geringen Veränderungen

	(Wintergarten, durch den Dresdner Hofarchitekten Fröhlich).
1945:	Enteignung der Familie Vitzthum von Eckstädt.
1948 – 1996:	Nutzung des Schlosses als Heilstätte, Bauarbeiterwohnheim und Schulungszentrum.
seit 1990:	Sanierung, Instandsetzung und Erneuerung der Parkanlagen einschließlich der zahlreichen Wasserkünste im Park und des Gräflichen Friedhofes.
1997:	Abschluss der Sanierungsarbeiten im Park.
1998:	Projekte „Schneckengang" und „Sieben Künste" im Park erhalten Auszeichnungen im Wettbewerb „Gärten der Stadt 1997/98" des Sächsischen Staatsministeriums für Umwelt und Landwirtschaft in der Katergorie „Rekonstruierte historische Anlagen und Parks".
1999:	Übergang des Schlosses in die Liegenschaftsverwaltung des Landesamtes für Finanzen.

Öffnungszeiten:

Das Schloss Lichtenwalde und die „Galerie Angewandte Kunst Schneeberg" haben geöffnet:
täglich (außer montags)

April bis Oktober	10 – 18 Uhr
November bis März	10 – 17 Uhr

An Feiertagen auch montags geöffnet.

Der Park hat geöffnet:

April – Oktober	9 – 18.30 Uhr
November – März	ohne Eintritt geöffnet

Museen, historische Räume und der Barockgarten:

Die folgenden ehemaligen Repräsentationsräume sind nach längere Restaurierung für Besucher geöffnet und befinden sich allesamt im ersten Obergeschoss des Südflügels von Schloss Lichtenwalde:

Das Chinesische Zimmer
Es zieht den Betrachter mit Spiegeltüren, chinesischen Genremotiven und Szenen aus dem Familienleben, zwei Kronleuchtern sowie einem eindrucksvollen Kamin in seinen Bann. Es ist einer der schönsten Räume im Schloss.

Das Königszimmer
Das ehemals völlig ausgeplünderte Königszimmer informiert den Besucher über die Geschichte des Schlosses.

Der Rote Salon
Dort ist eine echte Seidendamast-Tapete zu sehen, die originalgetreu nach Bildern aus der Zeit des Grafen Friedrich von Vitzthum von einer sächsischen Manufaktur nachgewebt worden ist.

Die Bibliothek
Die ehemalige gräfliche Bibliothek dient heute als Eheschließungszimmer. Hier kann man nicht nur das Innenleben des Raumes bewundern, sondern auch den Blick aus den großen Fenstern auf einen der schönsten Teile des Schlossparks genießen.

Das Rittergut Lichtenwalde
Die Schlossallee entlang, zum Schloss zu gehen, die durch das Rittergut führt, ist der perfekte Auftakt eines Besuches auf Schloss Lichtenwalde. Zahlreiche Läden laden dazu ein, nach Kerzen, Kunst, Spielzeug und Antiquitäten zu stöbern.

Der Barockgarten Lichtenwalde
Unmittelbar im Anschluss zum Schloss öffnet sich auf 13 Hektar einer der schönsten Parks Deutschlands. Besonders reizvoll machen ihn die Terassierung und die Unterteilung in verschiedene Gartenräume. Die Parkanlage ist stilistisch geprägt vom Übergang des Barock zum Rokoko. Prachtvoll-üppig sowie zierlich-verspielt – der Besucher kann stets Neues entdecken. Eine weitere Besonderheit ist, dass er eher nicht dem Schloss zugeordnet, sondern an das ihn prägende, abfallende Gelände angepasst wurde. Die querliegenden Sichtachsen mit den wechselnden Blicken in das Tal der Zschopau beeindrucken die Besucher. Das Wasser als rieselndes Element, der Delphinbrunnen, der Königsstrahl, Figuren und Grotten bieten stets neue Überraschungen.

Pilett im Park
Spielen Sie das historische Ball- und Kugelspiel, wie es einst die Könige und Fürsten im Barock taten. Der Spaß besteht darin, den Pilettball mit der Pilettkugel zu treffen, die nur mit dem Pilettschläger geschlagen werden darf.

Schlosskapelle
Sie ist beeindruckend in ihrer Schlichtheit und sollte bei der Schlossbesichtigung auf keinen Fall ausgelassen werden. Zu sehen sind unter anderem: ein spätgotisches Gewölbe aus dem 15. Jahrhundert, ein Taufstein aus farbig gefasstem Sandstein mit hölzernem Lesepult in Rokokoform, ein Gemälde, dass das Heilige Abendmahl darstellt.

Die Orangerie
Sie dient zur Überwinterung der empfindlicheren Pflanzen des Barockgartens. Zum Beispiel wurden dort Orangen, Feigen und Bananen gezüchtet. 1996 erfolgte eine komplette Restaurierung und lässt sie heute im neuen Glanz erstrahlen. Hier finden auch Konzerte und Ausstellungen statt.

Führungen:

Der Gast erfährt vieles zur Geschichte von Schloss Lichtenwalde. Er erhält kurze Informationen zu den musealen Bereichen und einen kleinen Abriss der Burggeschichte mit einem Blick zurück in das 13. Jahrhundert, aus dem die Kirche stammt.

Führungen können auch außerhalb der angegebenen Zeiten gebucht werden (Anmeldung: Tel. 037206-8873810/12)!
Führungszeiten: 11 Uhr und 15 Uhr (außer freitags u. sonnabends)

Verschiedene Ausstellungen:

Kunstbegeisterte und Liebhaber fremder Kulturen finden mehrere Ausstellungen im Schloss Lichtenwalde. Sie wurden möglich dank der Schenkungen von Dr. Walter Frank, Georg Brühl, einer Erbengemeinschaft aus Chemnitz sowie verschiedener Leihgeber!

Den Göttern ganz nah
Einzigartige Zeugnisse berichten von einer fernen Welt in der höchsten von Menschen bewohnten Region der Erde – dem ehemaligen Königreich Nepal und dem einstigen Tibet des Dalai Lama, des Oberhauptes des Buddhismus. Alltagsgegenstände aus entlegenen Bergdörfern und Ritualgeräte aus der Abgeschiedenheit buddhistischer Klöster lassen den Besucher in eine fremdartige Welt eintauchen.

Mythos Ostasien
Bereits vor Jahrtausenden entwickelten sich in Ostasien Hochkulturen, deren kulturelle Leistungen Europa fasziniert und beeinflusst haben. Abenteurer und Kaufleute waren die Ersten, die in das Reich der Mitte und in das Land der aufgehenden Sonne vordrangen. Kostbare Porzellane, Lackarbeiten, Möbel, Skulpturen, Seidenstickereien und Grafiken erinnern an diese spannende Begegnung

Zwischen den Welten – Afrika
Die wunderbaren Holzskulpturen, Keramiken und Metallarbeiten der Ausstellung, die Ende der 60er Jahre des 20. Jahrhunderts auf Reisen nach Westafrika erworben wurden, geben dem Besucher einen Eindruck über die damals noch in vielen Regionen existierenden Riten, Bräuche und Lebensweisen.

Von China nach Europa
Die Erfindung des Papiers im Reich der Mitte schuf die Voraussetzung für ein besonderes subtiles Kunsthandwerk – den Scherenschnitt. Von China breitete sich die Technik auch nach Europa aus, allerdings erst Jahrhunderte nach der Erfindung. Die Ausstellung erlesener Papierarbeiten zeichnet in mehreren Räumen die Entwicklung des Scherenschnitts bis zum 20. Jahrhundert nach.

Galerie Angewandte Kunst Schneeberg
Neben der Kunst aus fremden Welten gibt es aber auch eine Galerie mit neuen Werken aus der unmittelbaren Umgebung. Die überregional bekannte Ausbildungsstätte für angewandte Kunst in Schneeberg, eine Fakultät der Westsächsischen Hochschule Zwickau, zeigt regelmäßig die neuesten Kreationen aus dem eigenen Haus – Möbel, Spielzeuge, Textilien, Mode, Entwürfe für Inneneinrichtungen und vieles mehr.

Restaurants und Hotel:

Restaurant „Vitzthum"
im Schloss Lichtenwalde
(60 Plätze) mit Gräflichem Speisesalon (80 Plätze), Wintergarten (Café, 30 Plätze) und rustikalem „Harraskeller" (80 Plätze)
Pächter: Hunger & Köhler GbR
Di. - So. ab 11.00 Uhr , Café ab 14.00 Uhr geöffnet, Mo. Ruhetag
Email: info@restaurant-vitzthum.de
Internet : www.restaurant-vitzthum.de

Parkgaststätte im Park
April – November täglich 10 – 18 Uhr
November – März Di. – So. 10 – 17 Uhr
Der gemütliche Gastraum mit 30 Plätzen lädt auch im Winter zu einem Besuch ein. Gern werden Veranstaltungen oder Familienfeiern auch außerhalb der Öffnungszeiten ausgerichtet.

Schlossgasthaus Lämmel
am Schloss Lichtenwalde
Schlossallee 5
09577 Niederwiesa/ Lichtenwalde
Tel.: 03 72 06/51 05
Fax: 03 72 06/51 78
Email: Kontakt@schlossgasthaus-laemmel.de
Internet : www.schlossgasthaus-laemmel.de

BURG SCHARFENSTEIN

Chronik

um 1250:	Errichtung der Burg Scharfenstein durch die Herren von Waldenburg auf Wolkenstein in Fronarbeit zur Sicherheit der Wege.
1349/50:	Erste urkundliche Erwähnung von „Scharffenstein" im Lehnbuch Friedrich des Strengen (1349 – 1381).
1386:	Anarg von Waldenburg verschreibt seiner Witwe die Burg Scharfenstein als Witwensitz.
1437:	Heinrich von Waldenburg verpfändet die Burg für 1500 rheinische Gulden an Wolf von Wolfersleben.
10. Mai 1439:	Heinrich von Waldenburg und Sohn verpfänden die Burg für 9240 rheinische Gulden, unter Vorbehalt eines sechsjährigen Wiederkaufsrechts an den Freiberger Münzmeister Liborius Senftleben, dessen Bruder Konrad und dessen Geschäftskompagnon Stephan Glasberg.
1445:	Die Herren von Waldenburg haben ihre Pfandschaft nicht eingelöst, so fiel die Herrschaft Scharfenstein 1445 an die Wettiner!
28. Juli 1445:	Kurfürstliches Eigentum. Wie lange es kurfürstliches Amt ist, ist nicht bekannt.
1456:	Kurfürst Friedrich II. (1428-1464) erwarb das Amt Scharfenstein von Arag von Waldenburg.
um 1470:	Auflösung des Amtes Scharfenstein.
1472:	Heinrich von Schönberg übernahm als Amtmann zu Schellenberg (Augustusburg) die Waldenburgische Herrschaft Scharfenstein.
1482:	Heinrich von Starschädel, Berghauptmann zu Schneeberg, verkaufte die Burg am 26. Januar 1492 an Heinrich von Einsiedel.
26. Januar 1492:	Heinrich von Einsiedel kauft die Burg Scharfenstein mit den Dörfern Grießbach, Grünau, Großolbersdorf, Hohndorf, Hopfgarten und Scharfenstein.
nach 1530:	Bedeutendste Erneuerung der Burganlage durch Heinrich Abraham von Einsiedel.
1578:	Vertrag Haubolds von Einsiedel mit den Untertanen seiner Dörfer über die zu leistenden Frondienste.
um 1630:	Errichtung des Renaissanceportales am Eingang zur Burganlage.
1919:	Der letzte Besitzer aus der Scharfensteiner Linie, Heinrich Karl Feodor Kurt von Einsiedel, verkauft die Burg an Graf Kurt Haubold Alexander von Einsiedel aus dem Hause Reibersdorf.
1./2. Juni 1921:	Brand der Burganlage.
1921 – 1923:	Wiederaufbau nach dem historischen Vorbild durch den Architekten Bodo Ebhardt.
22. September 1931:	Versteigerung der Burg Scharfenstein durch das Amtsgericht Wolkenstein.
6. Oktober 1931:	Der Fabrikbesitzer Fritz Eulitz aus Grüna erhält den Zuschlag für 342.000 Reichsmark. Er behält sie bis zur Enteignung 1945.
1942 – 1946:	Einlagerung von Sammlungsgut aus dem Dresdener Museum für Tierkunde, Rassen- und Völkerkunde.
14. Februar 1945:	Bombenabwurf; die Burg bleibt unversehrt.
1945:	Besetzung der Burg durch die Rote Armee und Beschlagnahme sämtlicher Einrichtungsgegenstände.
1946:	Schulungsstätte der SED-Kreisleitung.
1949:	Bergbauvorschule der Wismut AG.
1950:	Spezialkinderheim für schwererziehbare Knaben.
1967 – 1993:	Jugendwerkhof/Jugendheim.
1. April 1993:	Übernahme durch den Freistaat Sachsen (Sächsische Schlösserverwaltung). Verwaltung gemeinsam mit Schloss Augustusburg.
8. April 1995:	Eröffnung eines Weihnachts- und Spielzeugmuseums, einer Gaststätte, verschiedenen Schau- und Kunstwerkstätten in der Burganlage.
7. Oktober 1998:	Eröffnung des Museums zu Karl Stülpner und der Burggeschichte.

Besitzer der Burg Scharfenstein (im Besitz der Familie Einsiedel):

	Name	**Lebensdaten**	**Besitzdauer**
1.	Heinrich v. Einsiedel	1435-1507	1492-1507
2.	Heinrich Hildebrand	1497-1557	1507-1535
3.	Heinrich Abraham	1504-1568	1535-1568
4.	Haubold	1521-1592	1568-1592
5.	Georg Haubold	1572-1602	1592-1602
6.	Heinrich Abraham	1560-1610	1602-1610
7.	Heinrich Hildebrand	1586-1651	1610-1651
8.	Heinrich Hildebrand	1622-1675	1651-1675
9.	Heinrich Hildebrand	1658-1731	1675-1682
10.	Haubold Abraham	1655-1733	1682-1733
11.	Heinrich Sigismund	1683-1742	1733-1742
12.	Curt Heinrich	1683-1742	1733-1742
13.	Curt Heinrich	1735-1809	1747-1790
14.	Alexander Abraham	1736-1798	1790-1798
15.	Curt Heinrich (vgl. oben)	1735-1809	1798-1803
16.	Friedrich Hildebrand	1750-1828	seit 1803
	Johann August	1754-1837	–
	Georg Karl	1759-1835	–
	Johann Alexander	1760-1849	–

	Heinrich Ludwig	1770-1842	–
17.	Carl Friedrich Hildebrand	1805-1875	1849-1875
18.	Curt Haubold	1840-1901	1875-1901
19.	Heinrich Karl Feodor Kurt	1879-1922	1901-1919
20.	Graf Kurt Haubold Alexander	1884-1957	1919-1931

Öffnungszeiten:
April – Oktober Di. - So. 10 – 17.30 Uhr
November – März Di. - So. 10 – 17 Uhr (außer 24. Dezember)
letzter Einlass u. Kassenschluss 30 Min. vor Schließung.
An Feiertagen auch montags geöffnet.

Museen und Ausstellungen:

Klippelsack und Schaugewerberaum
Wer sich für Handarbeit interessiert, ist hier genau richtig. Der Besucher kann den Frauen beim typisch erzgebirgischen Spitzenklöppeln zusehen oder selbst tätig werden. Wen dann die Klöppellust gepackt hat, der kann sich mit allem nötigen Zubehör preisgünstig eindecken. Es werden auch andere Handarbeitstechniken vorgestellt.

Weihnachts- und Spielzeugmuseum
Der Sammler Johannes Martin hat eine einzigartige Vielfalt wunderschöner erzgebirgischer Volkskunst zusammen getragen. Mehr als 1000 Exponate zeugen vom Ideenreichtum der Kunsthandwerker und Volkskünstler. Der Besucher unternimmt sowohl eine Zeitreise, die vor 200 Jahren beginnt, als auch eine Reise durch die einzelnen Regionen der traditionell erzgebirgischen Volkskunst vom Osterzgebirge bis hin an den Rand des Vogtlandes. Spielecke, Karussell und Animationsmöglichkeiten regen die Kinder zum Mitmachen an.

Dreierlei
Drei Ausstellungen informieren über die 800-jährige Burggeschichte, den Volkshelden Karl Stülpner und die Wahrheit hinter den Legenden rund um den „erzgebirgischen Wildschütz" sowie über „Volkskunst mit Augenzwinkern". Die „Tonne" mit Arbeiten von Wolfgang Unger, aus Dresden ist eine humorige, niveauvolle Ergänzung zum Weihnachts- und Spielzeugmuseum.

Bergfried und Zisterne
Nachdem man die 75 Stufe zum Bergfried erklommen hat, wird man mit einem herrlichen Rundumblick auf die Landschaft und das zu Füßen liegende Dorf Scharfenstein belohnt. Ebenfalls ist die 36 Meter tiefe Zisterne für Besucher geöffnet.

Märchenburg
Die Burg Scharfenstein lädt die Kinder im Vorschulalter und bis zur vierten Klasse zu einem Märchen-Wochenende ein. In verschiedenen Räumen und bei günstiger Witterung auch auf dem Hof oder im Burggarten werden die Kinder in die Welt der Märchen entführt.

Führungen:

Burgführung (alle Museen)
Der erzgebirgische Volksheld „Karl Stülpner" begleitet und unterhält die Gäste mit zahlreichen Geschichten zur Burg, seinem Leben und der erzgebirgischen Volkskunst. Dabei wird auch das Spielzeug- und Weihnachtsmuseum besucht.
Anmeldung für Gruppen unter 03725/70720

Stülpnerführung (Burggeschichte- und Stülpnermuseum)
Karl Stülpner erzählt zahlreiche Legenden rund um seine Person und führt durch „sein" Museum. Außerdem erfahren die Besucher wissenswertes über die Burg Scharfenstein im Museum „Burggeschichte", sowie zur Geschichte des Miriquidi-Waldes und des gesamten Erzgebirges.
Anmeldung für Gruppen unter 03725/70720

Führung in die Volkskunst (Spielzeug- und Weihnachtsmuseum)
Karl Stülpner besucht mit seinen Gästen das Museum „Sehnsucht nach dem Licht". Hierbei steht der Übergang des Erzbergbaus (18.Jahrhundert) bis hin zur Spielzeug- und Weihnachtsindustrie im Vordergrund. Vor allem die zahlreichen weihnachtlichen Pyramiden und das Spielzeug können bewundert und ausprobiert werden.
Anmeldung für Gruppen unter 03725/70720

Geschäfte:

Erzgebirgische Volkskunst
Für Freunde echt erzgebirgischer Holzkunst, sowie Sammler von Stücken, die nicht mehr produziert werden.
Inhaber: Susanne Graf, Tel. 03725/4592858

Stülpnermarkt
Einzigartige erzgebirgische Spirituosen, Meißner Weine, Dresdner Gebäckspezialitäten, regionale Köstlichkeiten und vieles mehr.
Internet: www.stuelpnermarkt.de

Bossard-Antik
Hier werden Kleinantiquitäten und anderes angeboten. Inhaber ist Peter Bossard. Tel. 037206/5137

Kreativwerkstatt
Die Kreativwerkstatt für die ganze Familie bietet:
- vom Türschild bis zum Räuchermann – basteln mit Holz

- Patchwork – Verkauf von Stoffen und Zubehör
- Bücher über Land und Leute
- Reservierungen für Klassen, Gruppen und Kindergeburtstage

Inhaber: Kerstin Geller, Tel./Fax: 03725/70301
Email: Kerstin.Geller1@web.de
Öffnungszeiten: Dienstag bis Sonntag, 11 – 17 Uhr

Restaurant:

Historische Schank- und Speisewirtschaft Burgschänke
(90 Plätze in 4 Räumen) Inhaberin: Carola Wolf,
Schlossberg 1, 09435 Scharfenstein
Tel./Fax 03725/70343

- Familienfeiern jeglicher Art
- kaltes Büffet
- rustikales Essen auf Vorbestellung

Öffnungszeiten:
April – Oktober
Die. – Do./So. 10 – 18 Uhr
Fr., Sa. 10 – 23 Uhr
November – März
Die. – Do./So. 10 – 17 Uhr
Fr., Sa. 10 – 23 Uhr
(an Feiertagen auch montags geöffnet)

Aktuelle Eintrittspreise und Anreisemöglichkeiten zu den Schlössern Augustusburg und Lichtenwalde sowie zur Burg Scharfenstein finden Sie auf der Internetseite: www.die-sehenswerten-drei.de

Danksagung

Ich möchte Werner Sieber danken, der die Anregung zu diesem Buch gab und mich auf jede erdenkliche Art unterstützte.

Wolfgang Thieme

Außerdem im Chemnitzer Verlag erschienen:

Bildband **„Unser schönes Sachsen“** Eine Liebeserklärung an Sachsen!
180 Seiten | ISBN 978-3-937025-55-1 | 22,50 EUR